机车电力电子技术

主　编　甘永双　张洋洋　陈天龙
主　审　陈友伟

西南交通大学出版社
·成　都·

图书在版编目（CIP）数据

机车电力电子技术 / 甘永双，张洋洋，陈天龙主编. —成都：西南交通大学出版社，2023.8
 ISBN 978-7-5643-9379-3

Ⅰ. ①机… Ⅱ. ①甘… ②张… ③陈… Ⅲ. ①电力机车 – 电力电子技术 – 高等职业教育 – 教材 Ⅳ. ①U264

中国国家版本馆 CIP 数据核字（2023）第 125647 号

Jiche Dianli Dianzi Jishu
机车电力电子技术

主编 / 甘永双　张洋洋　陈天龙	责任编辑 / 梁志敏
	封面设计 / 墨创文化

西南交通大学出版社出版发行
（四川省成都市金牛区二环路北一段 111 号西南交通大学创新大厦 21 楼　610031）
发行部电话：028-87600564　　028-87600533
网址：http://www.xnjdcbs.com
印刷：四川森林印务有限责任公司

成品尺寸　185 mm × 260 mm
印张　8.5　字数　214 千
版次　2023 年 8 月第 1 版　　印次　2023 年 8 月第 1 次

书号　ISBN 978-7-5643-9379-3
定价　35.00 元

课件咨询电话：028-81435775
图书如有印装质量问题　本社负责退换
版权所有　盗版必究　举报电话：028-87600562

前　言

电力电子技术是应用电力电子器件对电能进行变换与控制的一种现代技术，是 20 世纪后期新兴的边缘学科。电力电子技术具有高效、节能的优点，广泛地应用于能源、环境、制造业、交通运输业、国防以及日常生活的各个领域，并体现出作为核心关键技术的重要性。

中共中央总书记、国家主席、中央军委主席习近平对职业教育工作作出重要指示强调，在全面建设社会主义现代化国家新征程中，职业教育前途广阔、大有可为。要坚持党的领导，坚持正确办学方向，坚持立德树人，培养更多高素质技术技能人才、能工巧匠、大国工匠。为全面建设社会主义现代化国家、实现中华民族伟大复兴的中国梦提供有力人才和技能支撑。

为了适应时代的需求，培养铁道机车专业人才，根据高等职业教育电力机车专业需求编写了《机车电力电子技术》教材。详细地介绍了电力电子器件、斩波电路、相控整流电路、逆变电路、触发驱动电路以及电力电子技术在电力机车上的运用。全书共 7 章：第 1 章，电力电子技术概述；第 2 章，电力电子器件；第 3 章，直流斩波电路；第 4 章，相控整流电路；第 5 章，逆变电路；第 6 章，触发与驱动电路；第 7 章，电力电子电路在电力机车上的应用。每章后附有适量的思考题和练习题，并有扩展学习的自学指导，为学习提供指导性的帮助。

本书的特点：

1. 在吸收相关教材的长处及本领域新技术内容的基础上，注重课程内容的整合、精选、突出重点、实用，力图打破"高不成、低不就"的局面。

2. 结合电力电子技术的最新发展和国内新型车型编写教材。

3. 内容丰富、针对性强，对电力机车中的电力电子技术应用阐述适当。

4. 本书采用情境布置—问题探索—电路设计—交流讨论模式编写，有助于学生积极思考，有利于创新能力的培养，为将来成为大国工匠打下坚实基础。

本书由辽宁铁道职业技术学院甘永双副教授主编,辽宁铁道职业技术学院铁道机车学院院长陈友伟主审。本书第 1、2 章由张洋洋编写,第 3～5 章由甘永双编写,第 6、7 章由陈天龙编写。本书组织编写过程中,得到了作者所在单位教授、工程师及现场专家的大力支持和帮助,在此表示衷心的感谢。限于作者水平,加上时间仓促,疏漏和不妥之处在所难免,热诚欢迎广大读者批评指正。

编　者

2023 年 1 月

授课计划(供参考)

目 录

第1章 绪 论 ·· 001
  1.1 什么是电力电子技术 ·· 001
  1.2 电力电子器件分类及特点 ·· 002
  1.3 电力电子器件基本用途 ··· 004
  1.4 电力电子技术的应用 ·· 005
  1.5 电力电子技术在轨道交通中的发展和应用 ··· 006
  本章小结 ·· 007
  复习思考题 ·· 007
  知识拓展 ·· 008
  章末练习题 ·· 008

第2章 电力电子器件 ·· 010
  2.1 功率二极管 ··· 010
  2.2 功率晶体管（GTR） ·· 014
  2.3 功率场效应管（功率MOSFET） ··· 019
  2.4 晶闸管（SCR） ·· 023
  2.5 绝缘栅双极性晶体管（IGBT） ·· 030
  本章小结 ·· 037
  复习思考题 ·· 038
  章末练习题 ·· 039

第3章 直-直斩波电路 ·· 041
  3.1 斩波电路概述 ·· 041
  3.2 基本斩波电路 ·· 042
  3.3 多象限斩波电路 ··· 047
  本章小结 ·· 050
  复习思考题 ·· 050
  章末练习题 ·· 051

第4章 直-交逆变电路 ·· 053
  4.1 概 述 ·· 053
  4.2 电压型逆变器 ·· 056

4.3 电流型三相桥式逆变器 061
4.4 脉宽调制控制电路 063
本章小结 071
复习思考题 071
章末练习题 072

第5章 交-直相控整流电路 076

5.1 单相半波可控整流电路 076
5.2 单相桥式可控整流电路 083
5.3 三相可控整流电路 088
本章小结 094
复习思考题 096
章末练习题 097

第6章 驱动电路与保护电路 100

6.1 驱动电路概述 100
6.2 IGBT 驱动与保护技术 101
本章小结 105
复习思考题 105
章末练习题 105

第7章 HXD3 型机车电力变换电路 107

7.1 HXD3 型机车变流器 107
7.2 HXD3 机车辅助变流器 115
7.3 DC 110 V 电源装置 120
本章小结 124
复习思考题 125
章末练习题 125

参考文献 130

第 1 章 绪 论

第 1 章课件

电能在人类的生产和生活中至关重要,他的应用几乎涉及每个领域:工业、农业、交通、军事、医疗等。没有电,现代人的生活和生产将无法想象。据 2020 年的统计,有 80% 以上的电能都是经过变换后应用于实际工作的,即需要随时改变电流制(直流或交流)、改变电流的大小、改变电压的大小、改变交流电的频率来适应各种环境的需要。电力电子技术是实现电能高质量变换和控制的重要手段,已经成为弱电控制强电运行,信息技术与先进制造技术,传统产业实现自动化、智能化、节能化、机电一体化的桥梁。

1.1 什么是电力电子技术

问题与思考:直流电机和交流电机是常用的动力设备,如韶山系列的电力机车用直流电机驱动,和谐系列电力机车用交流电机来驱动。对于直流电机来说,改变电压控制电流即可控制机车运行速度;对于交流电机而言,不仅需要改变交流电频率,还要改变交流电压等要素才能对交流电机完美控制。常用的大功率电源一般为定压定频的交流电,需要什么样的技术才能完成对电能性质的变换呢?

电力电子技术是应用于电力领域的电子技术,具体来说就是应用电力电子器件对电能进行变换和控制的技术,它使来自工频电网或直流电网的电能变换成频率、性质和用途不同的电能,以适应不同的用电装置的需要。例如,我国铁路接触网供给的是 25 kV/50 Hz 的定压定频单相交流电,而现在铁路的高速动车组和大功率的电力机车多采用交流牵引电机,需要的是电压、频率及相序可调的三相交流电源,因此,需首先利用变压器降压,然后利用电力电子器件构成的交-直-交变流器对输出电压和频率进行变换和控制,控制牵引电机转矩和转速,从而控制机车的运行。

图 1-1 是一个典型的电力电子电路基本工作原理框图。电源的电能通过电力电子器件变换之后传输给负载,控制器把反馈信号与最初设定参考值相比较,通过改变驱动信号,满足不同负载对于电能的需求。

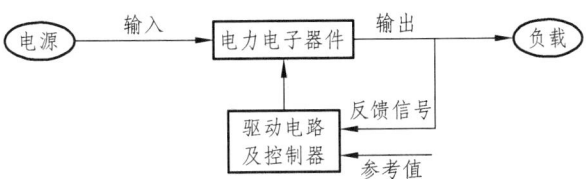

图 1-1 电力电子电路基本工作原理框图

电力电子技术的内容主要包括以下三个部分。

1. 电力电子器件

电力电子器件包括大功率的二极管（PD）、晶闸管（SCR）、电力三极管（GTR）、门极可关断晶闸管（GTO）、门极换流晶闸管（GCT）、功率场效应管（Power MOSFET）、绝缘栅双极晶体管（IGBT）等，电力电子技术中电力电子器件工作在开关状态。

2. 电力电子变换电路

电力电子变换电路包括斩波电路（DC/DC）、整流电路（AC/DC）、逆变电路（DC/AC）、交流变换（AC/AC）4类基本变换电路，也称为变流电路。

3. 电力电子的外围电路

电力电子的外围电路指驱动电路、缓冲电路、保护电路等。

电力电子技术所涉及的知识领域也十分广阔，如图1-2所示，电力电子技术把强电领域和弱电领域进行了很好的结合，突出了以弱电控制强电的特征。

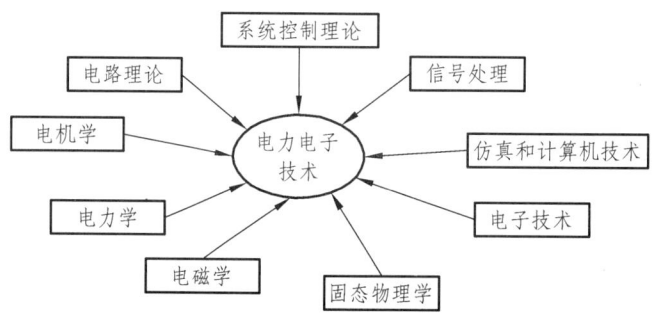

图1-2 电力电子技术所涉及的知识领域

1.2 电力电子器件分类及特点

电力电子器件种类很多，按开通、关断方式的不同，可分为三类：一是不可控器件，它们是二端口器件，器件的开断取决于所加的阴、阳极电压，即正向导通，反向关断，通过器件的电流是单方向的，如大功率的二极管（PD）、快恢复二极管等；二是半控型器件，它们是三端口器件，除了阴、阳极之外，还增加了一个控制门极，不仅具有单向导电特性，还可以方便地控制其开通，但该类器件一旦开通不容易控制其关断，如晶闸管（SCR）及其派生器件等；三是全控型器件，它们也是三端口器件，不但可以控制其开通，而且还能方便地控制其关断，如电力三极管（GTR）、门极可关断晶闸管（GTO）、门极换流晶闸管（GCT）、功率场效应管（Power MOSFET）、绝缘栅双极晶体管（IGBT）等。

按控制极驱动的信号分类，有电流驱动型器件和电压驱动型器件。如晶闸管（SCR）和电力三极管为电流驱动型器件；功率场效应管（Power MOSFET）、绝缘栅双极晶体管（IGBT）

等为电压驱动型器件。电压驱动器件和电流驱动器件相比而言,一般有驱动电路简单、信号损耗小的特点。

按器件内部载流子参与导电的种数不同,分三大类:一种是单极型器件,只有一种载流子(多数载流子)参与导电,如功率场效应管(Power MOSFET)、静电感应晶体管(SIT)等;二是双极型器件,有空穴和电子两种载流子参与导电的半导体器件,如晶闸管(SCR)、门极可关断晶闸管(GTO)、电力三极管(GTR)等;三是复合型器件,由单极型器件和双极型器件复合成的器件,如绝缘栅双极型晶体管(IGBT)、MOS控制晶体管(MGT)、MOS控制晶闸管(MCT)以及功率集成电路(PIC)和智能功率集成电路(SPIC)、智能功率模块(IPM)等。为了进一步了解各类电力电子器件的家族关系,以便掌握其通性和特点,图1-3总结了电力电子器件家族"树"。

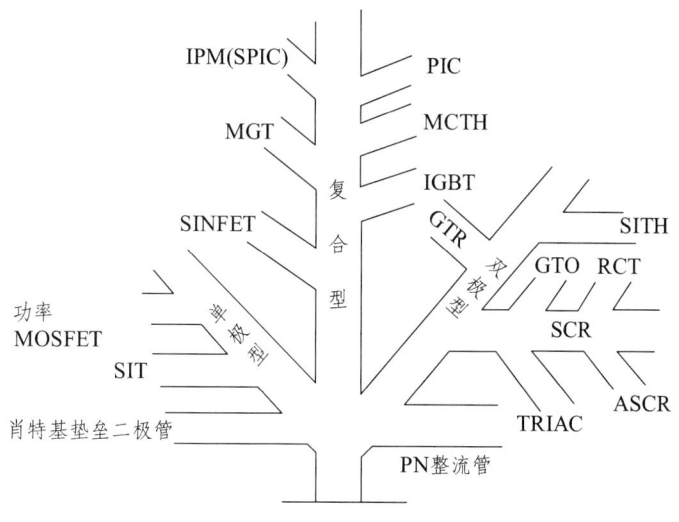

图1-3 电力电子器件家族"树"

不同的电力电子器件具有不同的性能:

(1)双极型器件的通态压降较低、阻断电压高、电流容量大,适用于中大容量的变流设备。其电压和电流的定额都达10^3级。例如,晶闸管用于我国早期的干线电力机车上,门极可关断晶闸管(GTO)于20世纪80年代广泛应用在轨道交通车辆传动系统中。在双极型器件中除静电感应晶闸管(SITH)为电压控制器件外,其余的均为电流控制器件,其控制性能不如单极型器件,功耗也比较大。

(2)单极型器件的主要优点是仅有多数载流子导电,无少数载流子存储效应,因而开关时间短,一般为纳秒数量级,例如,电压为1 000 V、电流为200 A的电力MOSFET,开关时间仅为13 ns,输入阻抗高,通常大于40 MΩ,故又称为电压型器件。另外,单极型器件还有负的温度系数,温度上升时电流下降,因而具有良好的电流自动调节能力,不易产生局部过热,所以二次击穿的可能性极小,这一点与双极型器件根本不同。主要用于功率较小、工作频率高的机器人传动、电动汽车等高性能传动装置中。其缺点是导通压降较高、电压和电流的定额都比双极型器件小。

(3)复合型器件既有双极型器件的电流密度高、导通压降低的优点,又有单极型器件的输入阻抗高、响应速度快的优点,因此应用越来越广。目前已经开发的这种器件有绝缘栅双极晶体管（IGBT）、MOS 控制晶体管（MGT）、MOS 控制晶闸管（MCT 或 MCTH）以及功率集成电路（PIC）和智能功率模块（IPM）等。例如 IGBT 用于我国新型的和谐系列机车和动车组变流器上。

回顾 40 多年来电力电子器件的发展过程，大体可分为 4 个阶段：

第一阶段是以整流管、普通晶闸管为代表的发展阶段。在这一阶段半导体器件在低频、大功率变流领域中得到广泛应用，很快取代了汞弧整流器。

第二阶段是以大功率晶体管（GTR）、门极可关断晶闸管（GTO）等全控器件为代表的发展阶段。这一阶段的半导体器件属于电流型控制模式，他的应用使得变流器的高频化得以实现。

第三阶段是以功率场效应晶体管（P-MOSFET）和绝缘栅双极型晶体管（IGBT）等电压型全控器件为代表的发展阶段。在这一阶段半导体器件可直接用集成控制器（IC）进行驱动，高频特性更好，可以说器件制造技术已经进入了和微电子技术相结合的初级阶段。

第四阶段是以功率集成电路（PIC）为代表的发展阶段，现在正处于发展期。这一阶段电力电子技术和微电子技术紧密结合在一起，所使用的半导体器件是将全控电力电子器件与驱动电路、控制电路、传感电路、保护电路、逻辑电路等集成在一起的高度智能化的功率集成电路，它实现了器件与电路的集成，弱电与强电的集成，成为机电之间的智能化接口、机电一体化的基础单元。目前用于轨道交通车辆的智能型功率模块（IPM）最高水平已达 3 300 V/1 500 A。

交流与讨论：电力电子器件和信息电路中的有何不同？

与信息电子中的半导体相比，电力电子器件有如下特点：

（1）功率远大于信息电子器件，从毫瓦级到兆瓦级。电压和电流等级是其重要参数。

（2）电力电子器件，也称为（功率）开关管或半导体开关管。电力电子技术中，电力电子器件工作方式为开关方式，工作状态分为：① 静态：分为通态和断态；② 动态：分为开通和关断。半导体开关管和接触器等金属开关的区别是：① 金属开关的通态电阻很低，而半导体开关管有 1 V 以上的电压降；② 金属开关断态时基本无漏电流，而半导体开关管断态时有一定的漏电流；③ 金属开关频率低，一般一秒只能通断几次，而半导体开关管开关频率可以达到每秒几千次甚至几百万次；④ 金属开关管的电流是双向流动的，而通常半导体开关管电流是单方向流动的。

（3）需要驱动电路进行驱动。

（4）需要散热器冷却。由于电压、电流等级高，通态有电压降和断态时有漏电流，使功率开关管功率损耗较大；另外，开关频率高，动态损耗也较大。冷却方式包括风冷、水（油）循环强迫式风冷、相变式（沸腾）冷却等。

1.3 电力电子器件基本用途

通常所用的电力有直流和交流两种，从蓄电池和干电池得到的电力是直流，从公用电网得到的电力是交流。电力电子器件的基本用途是构成各种变流电路，使直流电（DC）和交流电（AC）进行型相互转换，其形式共有 4 种，如图 1-4 所示。

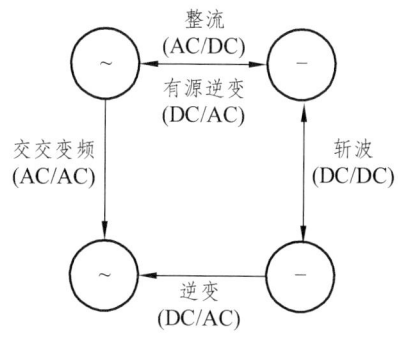

图 1-4 电力电子器件实现变流的基本方式

（1）交流到直流的变换（AC/DC），即整流，采用不可控器件得到电压固定的直流，采用可控器件可得到输出电压可控的直流。必要时可逆向进行，使电能逆变到交流电网，即实现有源逆变。

（2）直流到直流的变换（DC/DC），即斩波，它借助可控器件构成斩波器以实现直流电压的变换，这时，输出的直流电压可控，既可以完成电压较高的直流电变为电压较低且可调节的直流输出，还可使电压较低的直流升压成电压较高的直流。

（3）直流到交流的变换（DC/AC），即逆变，由可控器件构成逆变器（变频器），其输出交流电压、频率都可进行调节，当用交流电机作为负载时，可以方便地调节电机的转矩和转速。

（4）交流到交流的变换（AC/AC）。例如，把工频 50 Hz 的交流电变为频率较低的可调的交流，或使电压固定的交流变为电压可调的交流。

上述 4 种变换电路已经普遍应用于各个领域，晶闸管的频率低、容量大，主要用于高压直流输电，GTO 应用范围主要用于轨道交通车辆和大功率不间断电源中，GTR 模块曾被大量用在电机控制、空调机、逆变器、电冰箱等各方面，但现在被 IGBT 取代。功率 MOSFET 在汽车电子设备、自动电焊机、高频火花加工、电磁炉及电子检测设备中用得较多，而小功率的 MOSFET 主要用在开关电源、录像机、音频电源等电子设备中。

1.4 电力电子技术的应用

电力电子技术的应用十分广泛，下面举例说明：

（1）电源：不间断电源（USP）、电解电源、电镀电源、开关电源、微机及仪表电源、航空电源、通信电源；交流电子稳压电源、脉冲功率电源；电力牵引及传动控制（电力机车、电传动内燃机车、动车组、磁悬浮列车、电动汽车、矿井提升机、轧钢机传动）用电源。

（2）电力系统应用：高压直流输电，在输电线路的输送端将工频交流电变为直流，在接收端再将直流变回工频交流。高压直流输电具有线路造价低、损耗小、稳定性好等主要优点。

（3）有源滤波器：由于电力电子装置的应用与普及，导致电网的谐波问题越来越严重。传统的无源滤波器由于其滤波性能较差，难以应对日益严重的电网"公害"。人们采用电力电子学找到了解决的途径，这就是使用有源滤波器，它主要是由电压型电源或电流型电源变流器和一个基准器构成谐波发生器，目的是产生大范围动态谐波和无功功率，重新"修补"电网波形。因此，有源滤波器不但可以用来滤波，还可以作为功率补偿器、电压稳定器及不对称负载的电压调节器。

（4）新能源利用：电力电子装置还将用于太阳能发电、及风力发电装置与电力系统的连接。

（5）节能：采用电力电子装置实现调速，可以达到很高的效率。

（6）家用电器：种类繁多的家用电器，小至一台调光灯具、高频荧光灯具，大至通风取暖设备、微波炉及众多的电动机驱动设备，都离不开电力电子变流电路。各种 PWM 变流设备及专用功率集成电路将被广泛用于现代家庭中，如家用的电冰箱及冰柜、暖气空调机、电子装置（个人计算机、其他家用电器）。

（7）电动汽车和电动自行车。

（8）照明：广泛采用的日光灯照明，必须有镇流器（电感）启辉，全部电流要流过镇流器（电感），无功电流大，影响节能效率。近年来，电子镇流器的出现，较好地解决了这个问题。电子镇流器是一个 AC-DC-AC 变换器。其特点是体积小、节能效果显著。另外，现在新兴的 LED 照明所用高质量、高效的驱动，也是利用电力电子技术制造的。

1.5 电力电子技术在轨道交通中的发展和应用

在电力电子技术应用的各领域中，轨道交通是电力电子器件总容量最大、技术要求最先进、可靠性要求极高的领域，电力电子技术的发展水平很大程度决定了轨道交通电力牵引发展的技术水平和发展规模。

1879 年的世界第一台电力机车和 1881 年的第一台城市电车都尝试采用直流斩波供电牵引方式。1891 年西门子试制了三相流直接供电、绕线式转子异步电动机牵引的机车，1917 年，德国又试制了采用"劈相机"将单相交流供电进行旋转，变为三相交流电的试验车。这些技术探索最终因系统庞大、能量转换效率低、电能转换为机械能量小等因素，未能成为牵引电力的适用模式。

1955 年，水银整流器机车问世，标志牵引动力电传动技术实用化开始。1957 年，通用公司商用晶闸管的发明，标志电力牵引进入电力电子技术时代。1965 年，晶闸管整流器机车问世，使电力牵引传动系统发生了根本性的技术革命，全球兴起了单相工频交流电网电气化的高潮。除了传统的 16.67 Hz 交流和 3 000 V 直流电气化铁路，新电气化铁路均可采用 50 Hz 和 60 Hz 工频，因此，欧洲出现了多种铁路网电流制式，通过采用电力电子技术不断克服多种供电方式的弊端。

20 世纪 70 年代，采用异步交流传动系统的 DE-2500 内燃机车问世，交流传动在牵引领域重新展现前所未有的生机。到 80 年代末期随着可关断晶闸管 GTO 的应用技术逐渐成熟，轨道交通交流传动技术在全世界得到应用。90 年代初开发了水冷 GTO 模块，进一步优化了缓冲电路和结构技术，因此在大大提高功率的同时，变流器重量和体积再次降低约 20%。

电力电子器件的发展和电力传动技术的不断成熟大大提高了电气机车的运行速度,各国从20世纪60年代开始争先恐后地研究时速200 km以上的电气化高速铁路。日本是最早进行这方面研究的国家,1964年,日本的0系列动车使用二极管整流,运行时速达到210 km。80年代,其又开发了100系列和200系列动车,通过可控硅整流,运行时速达到260 km。80年代末90年代初,法国和德国也相继开始建设高速铁路,这一时期的动车均使用GTO全控器件作为开关器件,代表有日本300系列动车、法国TGV动车、德国ICE1动车,此时的列车运行时速已达300 km。21世纪之后,韩国、西班牙加入研制高铁的行列,这一时期高速列车应用电力电子器件已经开始向IGBT转变,而列车运行速度已经上升到350 km/h。我国于2007年首次推出采用IGBT牵引变流器的"和谐号"CRH1高速动车组,最高时速250 km;2008年,采用IPM三电平牵引变流器的"和谐号"CRH2型动车组最高运行速度已经超过350 km/h;2009年末和2010年初相继开通武广客运专线和郑西线;到2015年末,国内高铁营运里程达到1.8万 km,标志我国进入高铁时代。

本章小结

(1) 电力电子技术是应用电力电子器件对电能进行变换和控制的技术。

(2) 电力电子技术的内容主要包括电力电子器件、电力电子变换电路、电力电子的外围电路。电力电子器件分类方式很多,按开通关断方式分类:不可控器件、半控器件、全控器件;按内部载流子分类:单极型、双极型、复合型;按控制信号分类:电压控制型和电流控制型。电力电子器件开通、关断速度远快于金属开关速度快。

(3) 电力电子变换电路也叫变流电路,有4种基本变换方式:整流、逆变、斩波、交流-交流变换。

(4) 电力电子的外围电路指驱动电路、缓冲电路、保护电路等。

(5) 电力电子在各个领域应用广泛,尤其在轨道交通中的应用,同时也促进了电力电子技术技术的发展。

 复习思考题 >>>

1. 什么是电力电子技术?
2. 电力电子技术包含哪几方面内容?
3. 简述电力电子开关和金属开关的区别。
4. 电力电子器件有哪些基本类型?其特点和发展趋势如何?
5. 电力电子器件实现变流的基本方式有哪几种?
6. 简要说明电力电子技术的应用。

知识拓展 >>>

1. 查阅资料搜集 SS$_4$ 改型电力机车应用的电力电子器件种类、型号、参数。
2. 查阅资料搜集 HX$_D$3 型电力机车应用的电力电子器件种类、型号、参数。

章末练习题 >>>

一、选择题

1. 电力电子技术是对电能进行（　　）的技术。
   A. 变换和控制　　　　　　B. 使用
   C. 传输　　　　　　　　　D. 产生
2. 电力电子技术的内容包括（　　）三个部分。
   A. 电力电子器件、变换电路和外围电路
   B. 电力电子器件、放大电路和外围电路
   C. 电能传输电路、变换电路和外围电路
   D. 电力电子器件、变换电路和处理电路
3. 电力领域应用电力电子技术的目的是（　　）。
   A. 使来自工频电网或直流电网的电能变换成频率、性质和用途不同的电能，以适应不同的用电装置的需要
   B. 使来自工频电网或直流电网的电能的电压升高
   C. 降低输出电压
   D. 变频
4. 下列不是电力电子器件称呼的是（　　）。
   A. 空气开关　　　　　　　B. 功率开关管
   C. 半导体开关管
5. 绝缘栅双极晶体管（IGBT）为（　　）器件。
   A. 电流驱动型　　　　　　B. 单极型
   C. 复合型
6. 电力二极管 PD 是（　　）器件。
   A. 不控型　　　　　　　　B. 复合
   C. 电压驱动型

二、填空题

1. 电力电子器件按驱动电路信号性质分类有_____驱动型器件和_____驱动型器件。
2. 电力电子器件按内部载流子参与导电分类，可分为单极型器件、_____器件和_____器件。
3. 电力电子器件按开通、关断方式分类可分为不控型、_____和_____三种类型。

三、判断题

1. 金属开关和功率开关管的开关频率都很高，可以达到每秒几千次甚至几百万次。（   ）

2. 电压型器件的缺点是驱动电路功耗较大。（   ）

3. 复合型电力电子器件既具有双极型器件的电流密度高、导通压降低的优点，又有单极型器件的输入阻抗高、响应速度快的优点。（   ）

4. 电力电子器件的载流子有两种：自由电子和空穴。（   ）

5. 电力电子技术中电力电子器件工作在开关状态。（   ）

6. 晶闸管是半控型、电流驱动型、双极型器件。（   ）

第 2 章 电力电子器件

第 2 章课件

电力电子技术的发展和应用，实际上是以电力电子器件特性为基础的。因此，学习这门课程，首先要掌握器件的特性及应用的差别，这将对以后学习电力电子变换起到至关重要的作用。本章介绍功率二极管（PD）、功率三极管（GTR）、功率场效应管结构（Power MOSFET）、晶闸管（SCR）、绝缘栅双极型晶体管（IGBT）等电力电子器件的结构、工作原理、特性及参数等。

2.1 功率二极管

功率二极管（PD）又称为电力二极管，常作为整流元件，属于不可控器件。它不能控制信号控制其导通和关断，只能由加在器件上电压的极性控制其通断。因其结构简单、工作可靠，广泛应用在中高频整流、和逆变中，具有不可替代的位置。

2.1.1 功率二极管结构及工作原理

功率二极管的基本制造材料是硅半导体，是由一个面积较大的 PN 结和两端的电极引线封装而成，它的外形、结构和电器符号如图 2-1 所示，A 极（P 区相连）又称为阳极，K 极（N 区相连）又称为阴极，功率二极管主要有平板型和螺栓型两种外形结构，通常情况下，200 A 以下的器件多采用螺栓型，200 A 以上的器件则多采用平板型。还可以将几个功率二极管封装在一起，可组成模块式结构。

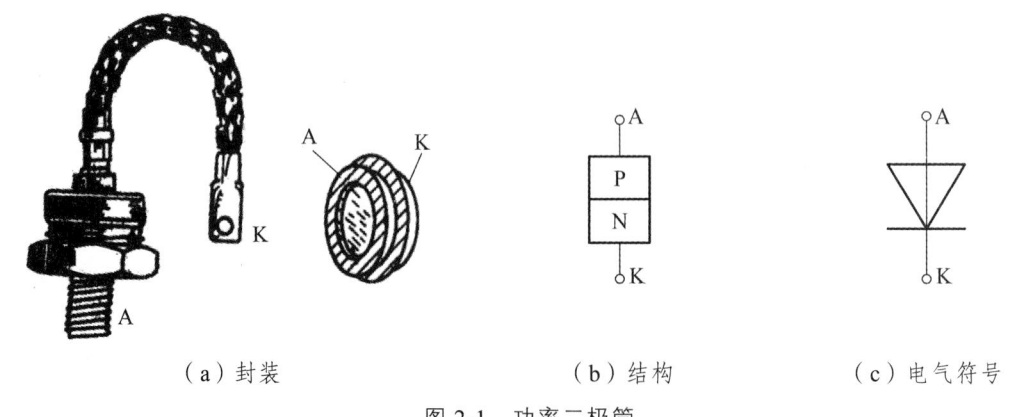

（a）封装　　　　　（b）结构　　　　　（c）电气符号

图 2-1 功率二极管

功率二极管和普通二极管的工作原理一样，当受到正向电压作用时，PN结导通，正向管压降只有1V左右；当二极管处于反向工作电压时，PN结呈现为高阻，即为截止状态，此时仅有极小的反向漏电流流过二极管。

2.1.2 功率二极管的特性

1. 功率二极管的伏安特性（静态特性）

功率二极管的伏安特性即静态特性，是指功率二极管两极间所加电压与流过电流的关系特性。伏安特性曲线如图2-2所示。

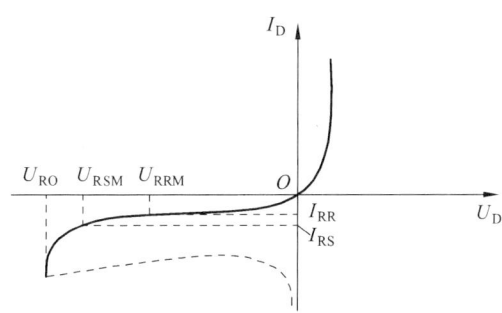

图2-2 功率二极管的伏安特性曲线

第Ⅰ象限为正向特性区，表明正向导通状态。当所加的正向阳极电压小于门槛电压时，二极管流过很小的正向电流；当正向电压大于门槛电压时，正向电流急剧增加，这时，阳极电流由外电路决定，功率二极管的呈现低阻态，管压降一般为1V，并且这个值基本上不随电流的大小变化，应用时，认为是个定值。

第Ⅲ象限为反向特性区，表明反向阻断状态。当功率二极管加上反向电压时，开始只有极小的反向漏电流，管子呈现高阻状态。随着反向电压的增加，反向漏电流只稍微增大，当反向电压增大到一定程度时，漏电流急剧增加，管子被击穿损坏。其中U_{RO}为反向击穿电压。

2. 功率二极管的开关特性（动态特性）

功率二极管的开关特性即动态特性，是指功率二极管在零偏置、正偏置和反偏置这三种工作状态转换时呈现的动态特性。

1）关断特性

关断特性是指功率二极管由正偏置的通态转换为反偏置的断态过程中，电压、电流随时间变化的关系，波形如图2-3所示。

当原来处于正向导通的功率二极管的外加电压在t_F时刻突然从正向变为反向时，在此反向电压作用下，正向电流I_F开始下降，下降速率由反向电压的大小和电路中的电感决定，到t_0时刻二极管的电流降为零。此时PN结两侧存在大量的少子（少数载流子），器件并没有恢复反向阻断能力，这些少子在反向电压的作用下被抽出功率二极管，形成较大的反向电流，直到t_1时刻PN结内存储的少子被抽尽时，反向电流达到最大值I_{RP}。t_1时刻后二极管开始恢复反向阻断，反向电流迅速下降，在外电路电感作用下会在功率二极管两端产生比外加反向电压大得多的反向过冲电压 U_{RP}。当电流降到基本为零的 t_2 时刻，功率二极管两端的反向电压才降到等于外加电压 U_R。功率二极管完全恢复反向阻断能力。

在图 2-3 中 t_d 称为延迟时间，t_f 称为电流下降时间，而 $t_{rr} = t_d + t_f$ 称为功率二极管的反向恢复时间。

2）开通特性

开通特性为功率二极管由零偏置转换为正偏置的通态过程的电压、电流随时间变化的关系。其波形如图 2-4 所示，开通过程中功率二极管两端也会出现一个过冲电压 U_{FP}。经过一段时间才接近稳态压降值。这个过程的时间称为正向开通时间。

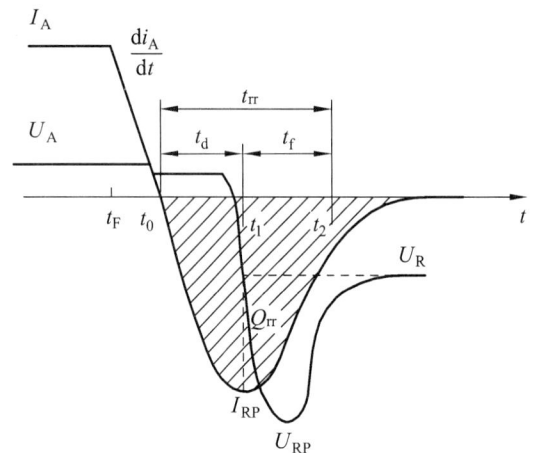

图 2-3 功率二极管的关断过程　　图 2-4 功率二极管的导通过程

2.1.3 功率二极管的主要参数

1．正向平均电流 I_D（额定电流）

是指在规定的环境温度（40 ℃）和标准散热条件下，管子允许长期通过的最大工频（50 Hz）半波电流的平均值。器件标称的额定电流就是这个电流。实际应用中，功率二极管所流过的最大电流为 I_{DM}，则其额定电流一般为 $I_{dD} \geq (1.5 \sim 2)\dfrac{I_{DM}}{1.57}$，式中的系数 1.5~2 是安全系数。

2．正向压降 U_D

U_D 是指在规定温度下，流过某一稳定正向电流时所对应的正向压降，称为管压降，一般为 0.5~1 V。有时候，其参数表中也给出指定温度下流过某一瞬态正向大电流时功率二极管的最大瞬时正向压降。

3．反向重复峰值电压 U_{RRM}

在额定结温条件下，元件反向伏安特性曲线的转折处对应的反向电压称为反向不重复峰值电压 U_{RRM}，U_{RRM} 的 80% 称为反向重复峰值电压。一般在选用功率二极管时，以其在电路中可能承受的反向峰值电压的 2~3 倍来确定功率二极管的额定电压。

4. 浪涌电流 I_{FSM}

浪涌电流指功率二极管所能承受的最大的连续一个或几个工频周期的过电流。

5. 反向恢复时间 t_{rr}

反向恢复时间是指功率二极管从正向电流降至零起恢复到反向阻断能力为止的时间。

2.1.4 功率二极管的主要类型

功率二极管在许多电力电子电路中都有着广泛的应用。功率二极管可在交流-直流变换电路中作为整流器件，也可以在电感元件的电能需要适当释放的电路中作为续流器件，还可以在各种变换电路中作为电压隔离、钳位或者保护器件。在应用时，应根据不同场合的要求，选择不同类型的功率二极管。类型不同的二极管是由半导体的物理结构和工艺上的差别造成的。

1. 普通二极管

普通二极管又称为整流二极管，多用于开关频率不高的整流电路中，其反向恢复时间较长，一般在 5 μs 以上，这在开关频率不高时并不重要，而其反向阻断电压和正向电流定额可以分别达到数千伏和数千安。

2. 快恢复二极管

恢复过程很短，特别是反向恢复过程很短（小于 5 μs）的二极管，称之为快恢复二极管。工艺上采用多种掺金措施，结构上有的采用 PN 结型结构，特别是外延型 PIN 结构的所谓快恢复外延二极管，其反向恢复时间更短（可低于 50 ns）正向压降也很低（0.9 V 左右），但其反向耐压多在 1 200 V 以下。快恢复二极管又分为普通快速恢复二极管和超快速恢复二极管。前者反向恢复时间为数百纳秒或以上，后者在 100 ns 以下，甚至达到 20～30 ns，多用于高频直流和逆变电路中。

3. 肖特基二极管

以金属和半导体接触形成的势垒为基础的二极管称为肖特基二极管。肖特基二极管的优点在于其反向恢复时间很短，为 10～40 ns，正向恢复过程中不会有明显的电压过冲，正向压降也很小，但当其反向耐压提高时正向压降提高而不能满足要求，因此多用于 200 V 以下的场合，另外，其反向漏电流较大且对温度敏感，必须严格限制其工作温度。

2.1.5 功率二极管型号及选管原则

1. 型号含义

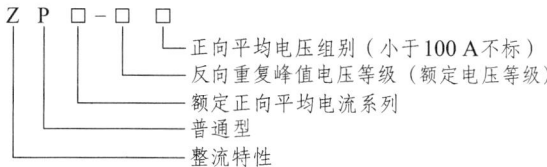

2. 选择原则

$I_{D(AV)}$ 选择原则：在规定的室温和冷却条件下，二极管发热不超过额定值，只要所选的管子额定电流有效值大于管子在电路中可能流过的最大电流有效值即可，考虑到半导体元件的过载能力比一般电机电器产品小得多，因此选择时考虑 1.5~2 倍的安全系数是必要的，即

$$I_{Dn} = 1.57 I_{D(AV)} = (1.5 \sim 2) I_{Dmax} \tag{2-1}$$

$$I_{D(AV)} = (1.5 \sim 2) I_{Dmax} / 1.57 \tag{2-2}$$

U_{RRM} 选择原则：选择大功率二极管 U_{RRM} 的原则与选晶闸管的相同，即所选的二极管额定电压应为二极管所在工作的电路中可能承受到的最大反向瞬时值电压的 2~3 倍，即

$$U_{RRM} = (2 \sim 3) U_{Dmax} \tag{2-3}$$

$U_{D(AV)}$ 选择原则：根据设计要求，选取所规定的相应系列级别。除特殊要求外，容量在 100 A 以下通常不考虑管压降级别。管压降愈小，元件发热与损耗也越小，相应价格就越高。

部分功率二极管的性能参数如表 2-1 所示。

表 2-1 部分功率二极管的性能参数

型号	额定正向平均电流/A	反向重复峰值电压/V	反向电流/A	正向平均电压/V	反向恢复时间/ns
ZP1~ZP4000	1~4 000	50~5 000	1~40	0.4~1	
ZP3~ZP2000	3~2 000	100~400	1~40	0.4~1	<10
10FD4	1	400		1.2	<100
31DF2	3	200		0.98	<35
30BF80	3	800		1.7	<100
50WF40F	5.5	400		1.1	<40
10CTF30	10	300		1.25	<45
25JFP40	25	400		1.25	<60
HFA90NH40	90	400		1.3	<140
HFA180MD60D	180	600		1.5	<140
HFA75MC40C	75	400		1.3	<100

2.2 功率晶体管（GTR）

功率晶体管（GTR）也称巨型三极管，又称为达林顿晶体管，是一种大功率、高反压的双极结型晶体管，不仅能够控制其电路开通，还能够控制电路关断，属于全控器件，即可用加在基极的控制信号控制集电极-发射极导通和关断。具有饱和压降低、开关时间短和安全工

作区宽等特点。GTR 已实现了大功率、模块化、低成本,被广泛用于交流电动机调速、不停电电源和中频电源等电力变流装置中,并在中小功率应用方面取代了传统的晶闸管。

2.2.1 功率晶体管(GTR)的结构和工作原理

1. GTR 的结构

常见 GTR 的封装如图 2-5 所示,GTR 封装除体积比较大外,其外壳上都有安装孔或安装螺钉,便于将晶体管安装在外加的散热器上。因为对大功率的 GTR 来讲,由于发热量高,不仅需要其金属外壳散热,还需要安装散热器散热。例如 50 W 的硅低频大功率 GTR,如不加装散热器工作,最大功率仅为 2~3 W。

GTR 的结构与小功率晶体管相似,也有三个电极,分别为 B(基极)、C(集电极)、E(发射极)。GTR 属于三极三层两结的双极型晶体管,有两种基本类型,NPN 型和 PNP 型,电力晶体管常用的类型为 NPN 型。GTR 的基本结构和电气符号如图 2-6 所示。为了提高电流增益、降低损耗,已多采用达林顿结构或达林顿模块,由两个或多个晶体管复合连接组成,如图 2-7 所示。

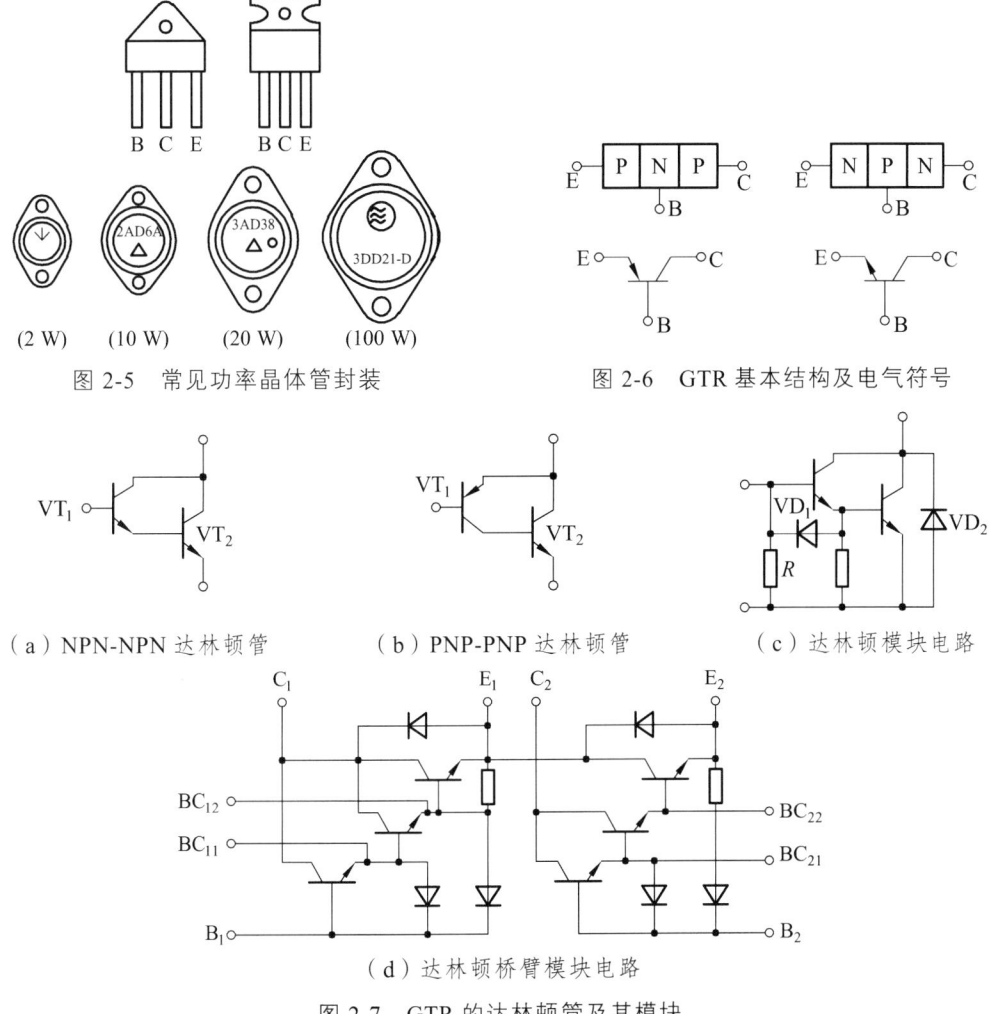

图 2-5 常见功率晶体管封装

图 2-6 GTR 基本结构及电气符号

(a)NPN-NPN 达林顿管　　(b)PNP-PNP 达林顿管　　(c)达林顿模块电路

(d)达林顿桥臂模块电路

图 2-7 GTR 的达林顿管及其模块

2. GTR 的工作原理

GTR 的工作原理和普通的双极型开关晶体管类似，在此不再重复，多采用共射极接法，处于开关状态。

2.2.2 GTR 的特性

1. GTR 的静态（输出）特性

共射电路的输出特性曲线如图 2-8 所示，GTR 的工作状态分为 3 个区域：

（1）截止区：特点是 GTR 的发射结和集电结均承受高反偏压，仅有极少的漏电流存在，相当于开关的断开（阻断）。

（2）放大区：特点是 $I_C = I_B$，发射结正偏、集电结反偏，此时 GTR 功耗很大。

（3）饱和区：特点是发射结和集电结均正偏。GTR 饱和导通，导通压降很小但通过电流却很大。相当于开关闭合（导通），但关断时间长。

可见，GTR 作为电力开关使用时，断态必须工作在截止区，通态必须工作在饱和区。

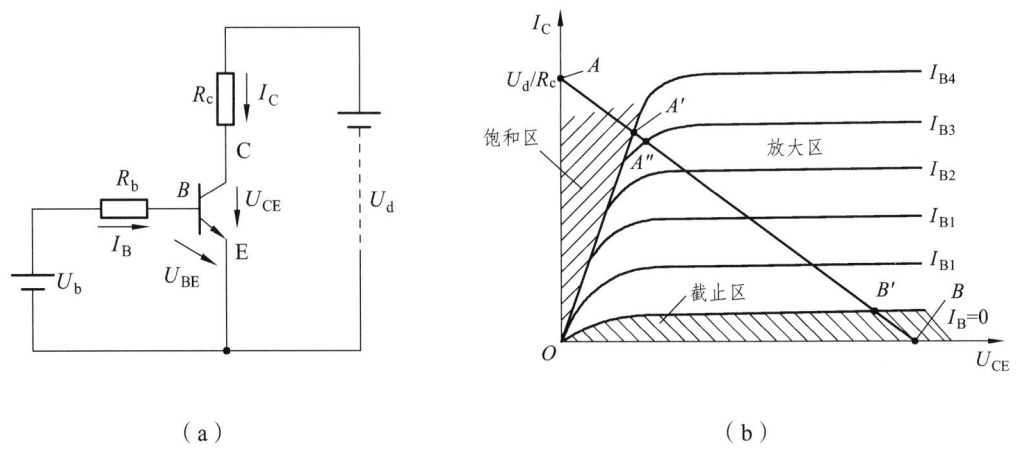

图 2-8 共射极电路输出特性曲线

2. GTR 的动态特性

动态特性主要用来描述 GTR 开关过程的瞬态性能，常用开关时间来表示其优劣。GTR 由断态过渡到通态所需时间称为开通时间 t_{on}。它对应于从 $i_B = 0.1I_B$ 时起，到 i_C 上升到 $i_C = 0.9I_{CS}$ 时止所需的时间；GTR 由通态过渡到断态所需的时间称为 t_{off}，它对应于从 i_B 下降到 $i_B = 0.9I_B$ 时起，到 i_C 下降到 $i_C = 0.1I_{CS}$ 时止所需的时间。如图 2-9 所示。

其中：

$$t_{on} = t_d + t_r \tag{2-4}$$

$$t_{off} = t_s + t_f \tag{2-5}$$

一般开通时间为纳秒数量级，比关断时间要小得多；关断时间的数值在微秒的数量级。

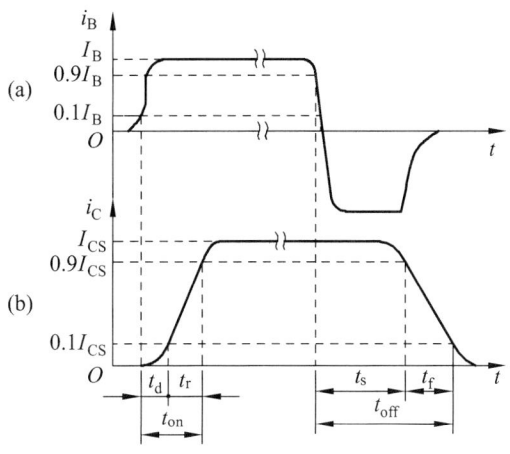

图 2-9 开关过程中 GTR 的 i_B 和 i_C 波形

由于 GTR 在放大区中的集射极电压和集电极电流均较大，功耗也大，在 GTR 的导通与关断过程中都要经过放大区，因此，应尽可能缩短开关时间，以减少其开关损耗。措施有：选择电流增益小的器件，防止深饱和，增加反向驱动电流等。

2.2.3 GTR 的主要参数

1．电压参数

电压参数体现了 GTR 的耐压能力。当发射极开路时，集电极和基极的反向击穿电压为 BU_{CBO}，当基极开路时，集电极和发射极间的击穿电压为 BU_{CEO}，当发射极与基极间用电阻联结或短路联结时，集电极和发射极间的击穿电压为 BU_{CER} 和 BU_{CES}，当发射结反向偏置时，集电极和发射极间的击穿电压为 BU_{CEX}。这些击穿电压之间的关系为

$$BU_{CBO} > BU_{CEX} > BU_{CES} > BU_{CER} > BU_{CEO} \tag{2-6}$$

为确保安全，实际应用时的最高工作电压 $U_{TM} = (1/3 \sim 1/2)BU_{CEO}$。

2．集电极电流额定值 I_{CM}

对 I_{CM} 的规定有两种情况：一种是以 β 值下降到额定值的 $1/3 \sim 1/2$ 时的 I_C 值定为 I_{CM}；另一种是以结温和耗散功率为尺度来确定 I_{CM}。超过这些额定值时将导致 GTR 内部结构件的烧毁。实际使用时要留有较大的安全裕量，一般只能用到 I_{CM} 的一半左右。

3．最大耗散功率 P_{CM}

最大耗散功率指 GTR 在最高允许结温时对应的耗散功率，它是 GTR 容量的重要标志。

4．直流电流增益 h_{FE}

直流电流增益表示 GTR 的电流放大能力，为直流工作时集电极电流和基极电流之比，即 $h_{FE} = I_C / I_B$。通常可认为 $\beta = h_{FE}$，GTR 的 h_{FE} 越大，其要求的驱动电路功率越小。单管 GTR

的 h_{FE} 值较小,通常 $h_{FE}=5\sim35$;达林顿型 GTR 的 h_{FE} 范围较大,为 $50\sim20\ 000$。

5．开关频率

很多情况下,GTR 是工作在开关状态,因此开关频率是一个重要参数。应用时,总是希望 GTR 的开通时间 t_{on} 和关断时间 t_{off} 越小越好。

6．最高结温额定值

GTR 最高结温由半导体材料性质、器件工艺、封装质量及可靠性等因素所决定。通常,塑料封装的硅管结温 T_{JM} 为 $125\sim150\ ℃$;金属封装的硅管 T_{JM} 为 $150\sim175\ ℃$。

不同电力晶体管的参数如表 2-2 所示。

表 2-2　电力晶体管 GTR 的型号与参数

型号	U_{CBO}/V	U_{CEO}/V	$U_{CBO(SUS)}$/V	P_{CM}/W	($T_J=125\ ℃$)		开关时间(最大)/ns		
					h_{FE}	I_{CM}/A	t_{on}	t_s	t_f
2SC4383①	200	180	180	40	30	8	2.0	4.0	1.0
2SC3822①	450	400	400	30	10	5	1.0	2.0	0.5
2SC2625①	450	400	400	80	10	10	1.0	2.0	1.0
2SC4795①	500	400	400	120	20	30	1.0	2.5	0.5
2SD833②	80	80	80	60	2 000	7	1.0	5.0	1.0
2SD073②	300	250	250	60	1 000	4	3	15	10
ET378②	100	100	100	80	1 000	10			
1DI200M-120③	1 200	1 200	1 200	1400	1 000	200	7	15	3
1DI300M-120③	1 200	1 200	1 200	2000	1 500	300	7	15	3
2DI50M-120③	1 200	1 200	1 200	310	500	50	3.5	15	3
2DI75M-120③	1 200	1 200	1 200	500	750	75	3.5	15	3
2DI100M-120③	1 200	1 200	1 200	800	1 000	100	7	15	3
2DI150M-120③	1 200	1 200	1 200	1000	1 500	150	7	15	3
6DI15M-120③	1 200	1 200	1 200	150	150	15	3.5	15	3
6DI30M-120③	1 200	1 200	1 200	300	300	30	3.5	15	3
6DI50M-120③	1 200	1 200	1 200	310	500	50	3.5	15	3

注:① 单管 GTR;② 达林顿 GTR;③ GTR 模块。

2.2.4　GTR 的二次击穿与安全工作区

1．二次击穿

GTR 的一次击穿是指集电结反偏时,空间电荷区发生载流子雪崩倍增,I_C 骤然上升的现象。其特点是：击穿发生时，虽然 I_C 急剧增大，但集电结电在发生一次击穿时，如果有外接电阻限制电流的进一步增加，一般不会引起 GTR 的性能变坏，此时 BU_{CEO} 为一次击穿电压。

在发生一次击穿后，若不有效地限制电流 I_C，则 I_C 在继续增加的同时伴随着 U_{CE} 的陡然下降，这种现象称为二次击穿。发生二次击穿后，在纳秒至微秒数量级的时间内，器件内部出现明显的电流集中和过热点，轻者使 GTR 耐压降低、特性变差；重者使 C 结和 E 结熔通，造成 GTR 永久性损坏。因此，二次击穿是 GTR 突然损坏的主要原因之一，需要指出的是，负载性质、脉冲宽度、电路参数、材料、工艺以及基极驱动电路的形式等都会影响二次击穿。

2．安全工作区

将不同基极电流下的二次击穿临界点连接起来，就构成了二次击穿功率 P_{SB} 的限制线。这样，GTR 工作时不仅不能超过最高电压 U_{CEmax}、集电极最大电流 I_{CM} 和最大耗散功率 P_{CM}，同时也不能超过二次击穿功率 P_{SB} 临界线。这些限制条件就构成了 GTR 的安全工作区，如图 2-10 所示。其中曲线 ABCDFO 所示为不考虑二次击穿时的正偏安全工作区；考虑二次击穿后，正偏安全工作区 S_{OA} 由 OABCEFO 曲线围成。

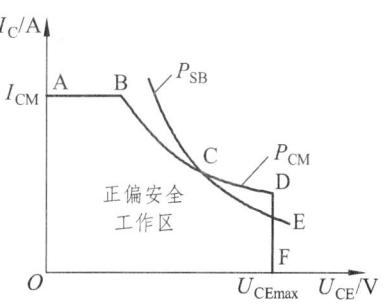

图 2-10 GTR 的安全工作区

2.3 功率场效应管（功率 MOSFET）

2.3.1 功率 MOSFET 的结构及工作原理

功率 MOSFET 是 20 世纪 70 年代中期才发展起来的新型电力电子器件，图 2-11 所示为其结构示意图，图 2-12 所示为其封装图。同双极型晶体管相比，功率 MOSFET 具有开关速度快、损耗低、驱动电流小、无二次击穿现象等优点。功率 MOSFET 是电压制控型器件，其门极控制信号是电压不是电流。它有三个管脚：栅极（又称门极 G）、源极 S、漏极 D。栅极 G 相当于晶体管的基极 B，源极 S 相当于晶体管的发射极，漏极 D 相当于晶体管的集电极。

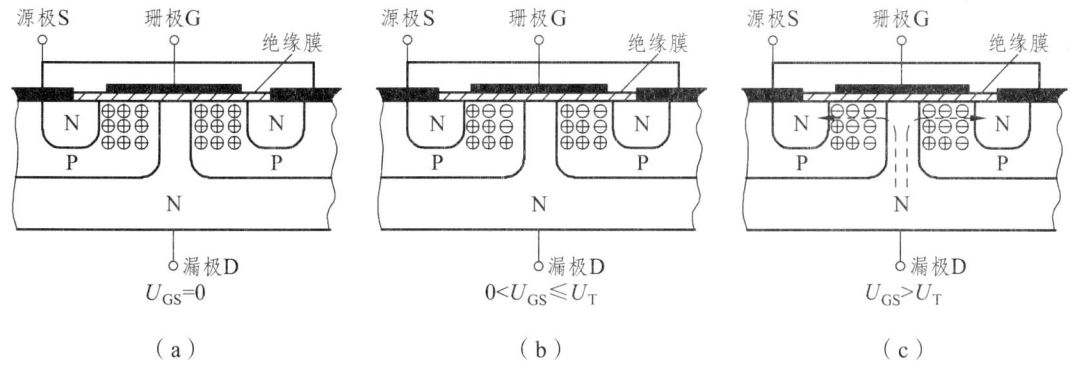

图 2-11 功率 MOSFET 立式结构示意图

MOSFET 有 N 沟道型和 P 沟道型两种。N 沟道型类似于 NPN 型晶体管，栅源极间加入正向电压时，器件导通；P 沟道型类似于 PNP 型晶体管，栅漏极间加入反向电压时，器件导通。N 沟道型和 P 沟道型 MOSFET 的电气符号分别如图 2-13 的（a）和（b）所示。

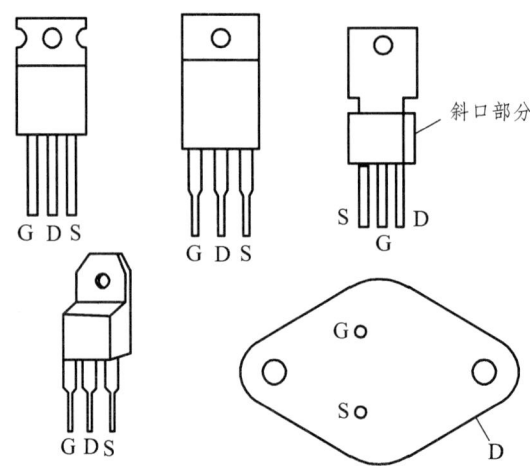

图 2-12 功率 MOSFET 的封装

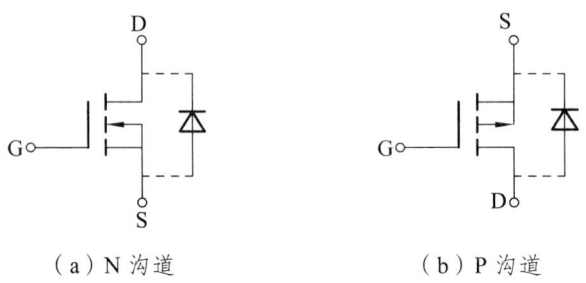

（a）N 沟道　　　　　　（b）P 沟道

图 2-13 功率 MOSFET 的电气符号

2.3.2 功率 MOSFET 的特性

1．转移特性

转移特性是指在输出特性的饱和区内，维持 U_{DS} 不变时，U_{GS} 与 I_D 之间的关系曲线，如图 2-14（a）所示。转移特性表示器件输入电压 U_{GS} 对输出电流 I_D 的控制作用和放大能力，与 GTR 中的电流增益相仿。图中 U_T 是功率 MOSFET 的开启电压（又称阈值电压）。

$$g_{FS} = \frac{dI_D}{U_{GS}} = \frac{I_D}{U_{GS}} \tag{2-7}$$

2．输出特性

功率 MOSFET 的输出特性曲线如图 2-14（b）所示，它反映的是：当 U_{GS} 一定时，I_D 与 U_{DS} 间的关系。

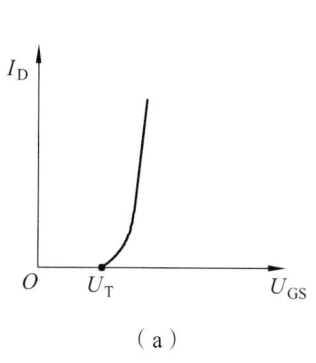 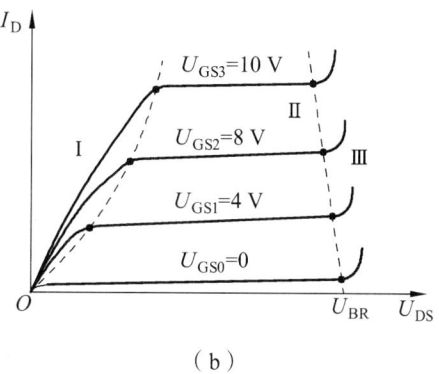

图 2-14 功率 MOSFET 的转移特性和输出特性

当 $U_{GS} < U_T$ 时,功率 MOSFET 处于截止(断态);当 $U_{GS} > U_T$ 时,功率 MOSFET 导通;当 $U_{DS} > U_{BR}$ 时,器件将被击穿,使 I_D 急剧增大。图 2-14(b)表示功率 MOSFET 正向导通时的情况,它分为 3 个区域,即线性导电区 I,饱和恒流区 II 和雪崩击穿区 III。

线性导电区 I 的特点是:当 U_{GS} 一定时,I_D 几乎随 U_{DS} 线性增长,对应于沟道未夹断时的情况。

饱和恒流区 II 的特点是:U_{GS} 对 I_D 的控制力增强,I_D 随 U_{GS} 的增大而增大,而 U_{DS} 对 I_D 影响甚微,对应于沟道夹断时的情况,常用于线性放大。

雪崩击穿区 III 的特点是:D 极 PN 结上反偏电压 U_{DS} 过高而发生雪崩击穿,I_D 突然增大。器件使用时应避免出现这种情况,否则会使器件损坏。

当功率 MOSFET 用作电子开关时,导通时它必须工作在线性导电区 I,否则其通态压降太大,功耗也大。第 III 区间反向特性曲线未画,由于器件存在反并联的寄生二极管,故功率 MOSFET 无反向阻断能力,加反向电压时器件导通,可看作是逆导器件。

3. 功率 MOSFET 的开关特性。

相对于双极型晶体管来说功率 MOSFET 的速度是非常快的。因为它是多数载流体器件,没有与关断时间相联系的存储时间。它的开通、关断只与电容的充放电有关。其开关只是驱动这些非线性电容。因此 MOSFET 开关时间的大小与驱动电路的输出阻抗有很大关系,如图 2-15 所示。

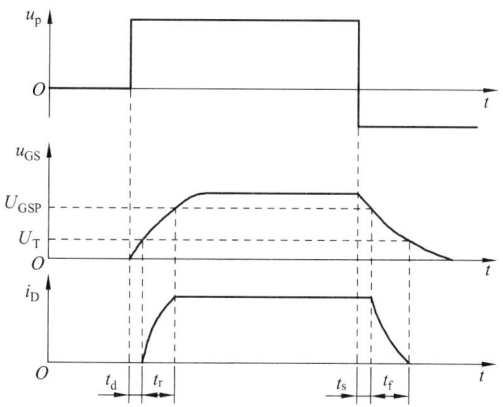

图 2-15 功率 MOSFET 开关过程及时间

2.3.3 功率 MOSFET 主要参数

（1）通态电阻 R_{on}：在确定的 u_{GS} 下，功率 MOSFET 由线性导电区进入饱和恒流区时的直流电阻，它是影响最大输出功率的重要参数。

（2）开启电压 U_T：是指沟道体区形成沟道所需的最低栅极电压。开启电压一般为 $U_T = 2 \sim 4 \text{ V}$。

（3）漏极击穿电压 BU_{DS}：是为避免器件进入雪崩击穿区而设的极限参数。选定工作电压时，要依据器件的 BU_{DS} 确定，并留有充分的余量。

（4）栅源击穿电压 BU_{GS}：表征功率 MOSFET 栅源极间所能承受的最高正、反向电压。是为防止绝缘栅层因 U_{GS} 过高发生介质电击穿而设定的参数。一般栅源电压的极限值为 $\pm 20 \text{ V}$。

（5）漏极连续电流 I_{DC} 和漏极峰值电流 I_{DM}：是表征功率 MOSFET 在连续电流下和脉冲电流下的电流容量。

（6）极间电容：包括栅源电容 C_{GS}、栅漏电容 C_{GD} 和漏源电容 C_{DS}。前两者由 MOS 结构的绝缘层形成，后者由 PN 结构成。但一般生产厂家并不提供极间电容值，而只给出输入电容 C_{in}、输出电容 C_{out} 及反馈电容 C_f，它们与极间电容的换算关系如下。

$$C_{in} = C_{GS} + C_{GD} \tag{2-8}$$

$$C_{out} = C_{GD} + C_{DS} \tag{2-9}$$

$$C_f = C_{GD} \tag{2-10}$$

显然，C_{in}、C_{out} 和 C_f 均与漏源电容 C_{GD} 有关。

（7）开关时间：包括开通时间 t_{on} 和关断时间 t_{off}。

2.3.4 保护技术

功率 MOSFET 的保护主要有以下几个方面。

1. 栅源过压保护

功率 MOSFET 的栅源电压一般不允许超过 20 V，在栅源两端反接一个稳压二极管（稳压值为 15 V）即可实现栅源过压保护。

2. 漏源过压保护

过高的瞬态漏源电压会将功率 MOSFET 击穿，必须加以限制。通常的漏源过压保护方法是在 MOSFET 两端反并联快速二极管，再辅以 R-C-VD 缓冲电路。

3. 过热保护

结温过高会使功率 MOSFET 损坏，其额定结温为 150 ℃。一般应采用过热检测措施，限制结温不超过 100 ℃。

4. 静电保护

功率 MOSFET 是 MOS 器件,它有一定的输入电容,很容易吸收静电荷,这些静电荷吸收过多,会使极间的电压超过所允许的电压而击穿器件,因此要注意下列问题:

(1) 要把功率 MOSFET 放置在防静电袋子里或导电泡沫塑料袋中,操作者取放时应佩带可靠接地的接地环。

(2) 用手拿功率 MOSFET 时,不要用手触摸其管脚。

(3) 工作台要采用接地的桌子和地板垫。

(4) 电烙铁要良好地接地。另外还应在功率 MOSFET 电控系统中设置过压、欠压、过流和过热保护电路,以保证可靠工作。

2.4 晶闸管(SCR)

晶闸管是硅晶体闸流管的简称,俗称可控硅(SCR),它是一种开通时刻可以控制的半控型电流驱动式功率半导体器件。1957 年,美国通用电气公司开发出世界上第一款晶闸管产品,并于 1958 年将其商业化。经过不断发展,它所能承受的电流和电压容量目前可达 5 000 A/8 500 V,主要应用于大功率的电力变流装置上。

晶闸管通常分为螺栓型、平板式和塑封式等类型,如图 2-16 所示。

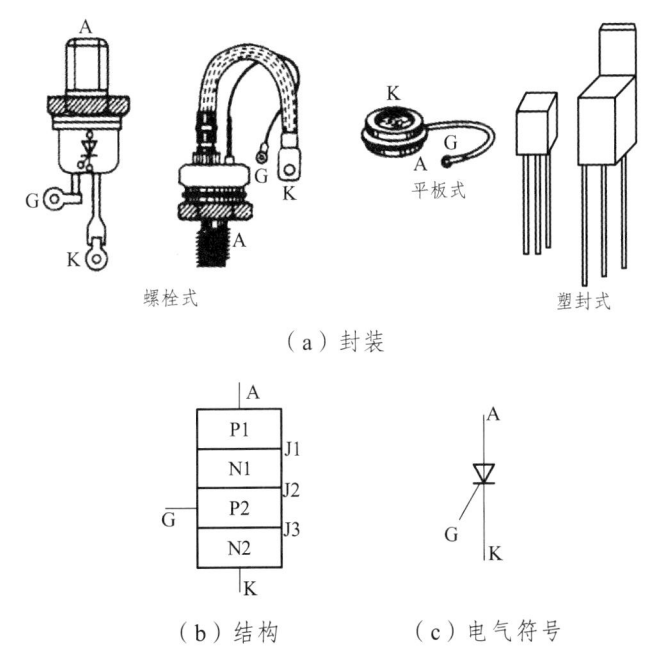

图 2-16 晶闸管

2.4.1 晶闸管的结构和工作原理

晶闸管是一种大功率电力电子器件,是由 3 个 PN 结(J_1,J_2,J_3)、4 层半导体材料

（P_1, N_1, P_2, N_2）组成，对外引出 3 个电极：P_1 引出为阳极（A），N_2 引出为阴极（K），P_2 层引出为门极（G），有时门极也称控制极。

晶闸管导通的工作原理可以用双极晶体管模型来解释，如图 2-17 所示，在器件上取一倾斜截面，则晶闸管可以看作由 $P_1N_1P_2$ 和 $N_1P_2N_2$ 构成的两个晶体管 V_1、V_2 组合而成，如果外电路向门极注入电流 I_G，也就是注入驱动电流，则 I_G 流入晶体管 V_2 的基极，产生集电极电流 I_{C2}，它构成晶体管 V_1 的基极电流，放大集电极电流 I_{C1}，又进一步增大 V_2 的基极电流，如此形成强烈的正反馈，最后 V_1 和 V_2 进入完全饱和状态，即晶闸管导通。此时如果撤掉外电路注入门极的电流 I_G，晶闸管由于内部已形成强烈的正反馈仍然维持导通状态。而若要使晶闸管关断，必须去掉阳极所加的正向电压，或者给阳极施加反压，或者设法使流过晶闸管的电流低到接近于零的某一数值以下，晶闸管才能关断。所以，对晶闸管的驱动过程称为触发。由于通过门极只能控制其开通，不能控制其关断，因此晶闸管称为半控型器件。

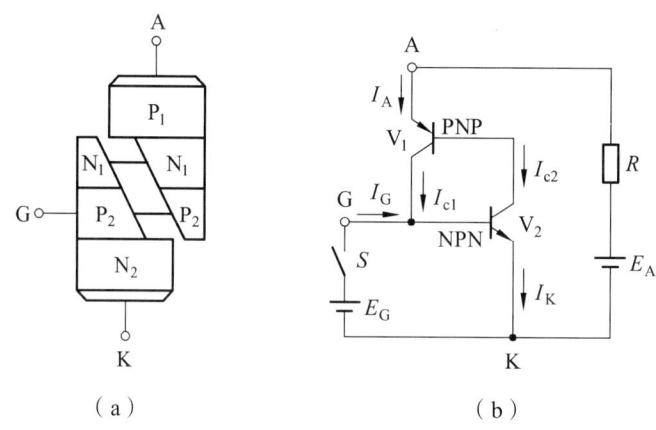

图 2-17 晶闸管工作原理示意图

2.4.2 晶闸管特性

1. 静态特性

根据晶闸管的工作原理，可以简单归纳晶闸管正常工作时的特性如下：
（1）当晶闸管承受反向电压时，不论门极是否有触发电流，晶闸管都不会导通。
（2）当晶闸管承受正向电压时，仅在门极有触发电流的情况下晶闸管才能导通。
（3）晶闸管一旦导通，门极就失去控制作用，不论门极触发电流是否存在，晶闸管都保持导通。
（4）若使以导通的晶闸管关断，只能利用阳极电流过零关断或阳极电压反向关断。

晶闸管的伏安特性是指晶闸管阳、阴极间电压 U_A 和阳极电流 I_A 之间的关系特性，如图 2-18 所示。晶闸管的伏安特性包括正向特性（第 I 象限）和反向特性（第 III 象限）两部分。在门极电流 $I_G = 0$ 情况下，逐渐增大晶闸管的正向阳极电压，这时晶闸管处于正向阻断状态，只有很小的正向漏电流；随着正向阳极电压的增加，当达到正向转折电压 U_{BO} 时，漏电流突然剧增，器件开通（由高阻区经虚线负阻区到低阻区），随着门极电流幅值的增大，正向转折电压降低，即使通过较大的阳极电流，晶闸管本身的压降也很小，为 1 V 左右。如果门极电流为零,并且阳极电流降到接近于零的某一数值 I_H 以下,则晶闸管又回到正向阻断状态。I_H 称为维持电流。当晶闸管施加反向电压,晶闸管处于反向阻断状态时,只有极小的漏电流流过。当反向电压超过一定的限度,到反向击穿电压后,外电路如无限制措施,反向漏电流就急剧增大,导致晶闸管热损坏。

晶闸管的门极触发电流是从门极流入晶闸管,从阴极流出。阴极是晶闸管主电路与控制电路的公共端,门极触发电流是通过触发电路在门极和阴极之间施加触发电压产生的。

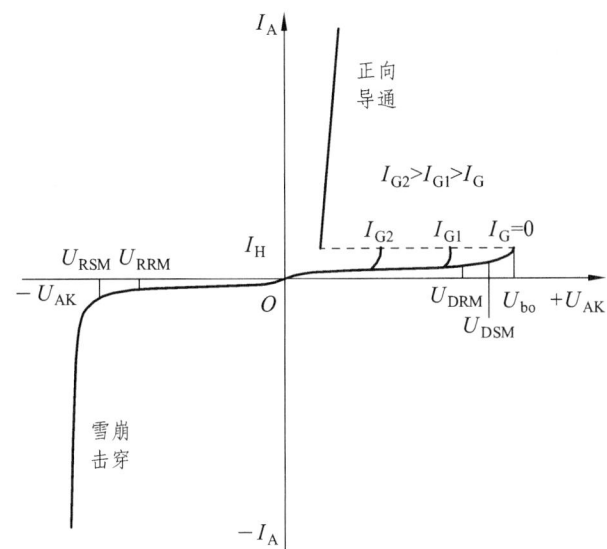

U_{DRM}、U_{RRM}—正、反向断态重复峰值电压;U_{DSM}、U_{RSM}—正、反向断态不重复峰值电压;
U_{BO}—正向转折电压;U_{RO}—反向击穿电压。

图 2-18 晶闸管的伏安特性曲线

2. 动态特性

晶闸管的动态特性也称为开关特性,如图 2-19 所示。

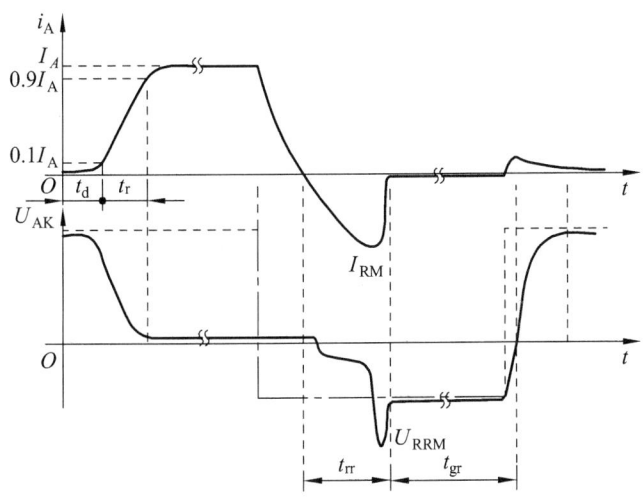

图 2-19 晶闸管的开关特性

（1）开通过程。晶闸管的开通不是瞬间完成的，开通时阳极与阴极两端的电压有一个下降过程，而阳极电流的上升也需要有一个过程，这个过程可分为两段。第一段对应时间为延迟时间 t_d，对应着阳极电流上升到 10% I_A 所需时间，此时 J_2 结仍为反偏，晶闸管的电流不大。第二段为上升时间 t_r，对应着阳极电流由 10% 上升到 90% I_A 所需时间，这时靠近门极的局部区域已经导通，电流迅速增加。通常定义器件的开通时间 t_{on} 为延迟时间 t_d 与上升时间 t_r 之和。即：

$$t_{on} = t_d + t_r \tag{2-11}$$

普通晶闸管延迟时间为 0.5~1.5 μs，上升时间为 0.5~3 μs。其延迟时间随门极电流的增大而减小。上述的时间除反映晶闸管本身特性外，还受到电路电感的严重影响。

（2）关断过程。原来处于导通状态的晶闸管当外电压由正向变为反向时，由于电路电感的存在，阳极电流将逐步衰减到零，在反方向会流过恢复电流，经过最大值 I_{RM} 后，再反方向衰减。同样，在恢复电流快速衰减时，由于外电路电感的作用，会在晶闸管两端引起反向的尖峰电压 U_{RRM}。最终反向恢复电流衰减至接近于零，晶闸管恢复对其反向电压的阻断能力。从正向电流降为零，到反向恢复电流衰减至接近于零的时间，就是晶闸管的反向阻断恢复时间 t_{rr}。反向恢复工程结束后，由于载流子复合过程比较慢，晶闸管要恢复对其正向电压的阻断能力还需要一段时间，这叫作正向阻断恢复时间 t_{gr}。在正向阻断恢复时间内如果重新对晶闸管施加正向电压，晶闸管就会重新正向导通，并不受门极电流控制而导通。所以实际应用中，应对晶闸管施加足够长时间的反向电压，使晶闸管充分恢复其对正向电压的阻断能力，电路才能可靠工作。

电源电压反向后，从正向电流降为零起到能重新施加正向电压为止的时间定义为器件的关断时间 t_{off}。通常定义器件的关断时间 t_{off} 等于反向阻断恢复时间 t_{rr} 与正向阻断恢复时间 t_{gt} 之和。即：

$$t_{off} = t_{rr} + t_{gr} \tag{2-12}$$

普通晶闸管的关断时间约为几百微秒。快速晶闸管的可以减小到 20 μs 以下，高频晶闸管关断时间可以小于 10 μs。

2.4.3 晶闸管的主要参数

1. 额定电压 U_R

1）正向重复峰值电压 U_{DRM}

在控制极断路和晶闸管正向阻断的条件下，可重复加在晶闸管两端的正向峰值电压称为正向重复峰值电压 U_{DRM}。一般规定此电压为正向不重复峰值电压 U_{DRM} 的 80%。

2）反向重复峰值电压 U_{RRM}

在控制极断路时，可以重复加在晶闸管两端的反向峰值电压称为反向重复峰值电压 U_{RRM}，此电压取反向不重复峰值电压 U_{RSM} 的 80%。

将 U_{DRM} 和 U_{RRM} 中的较小值按百位取整后作为该晶闸管的额定值。例如：一晶闸管实测 $U_{DRM} = 812$ V，$U_{RRM} = 756$ V，将两者较小的电压 756 V，按表 2-3 取整得 700 V，该晶闸管的额定电压为 700 V。

表 2-3 晶闸管的主要参数

型号	通态平均电流/A	通态峰值电压/V	断态正反向重复峰值电流/mA	断态正反向重复峰值电压/V	门极触发电流/mA	门极触发电压/V	断态电压临界上升率/(V/μs)	推荐用扇热器	安装力/kN	冷却方式
KP5	5	≤2.2	≤8	100～2 000	< 60	< 3		SZ14		自然冷却
KP10	10	≤2.2	≤10	100～2 000	< 100	< 3	250～800	SZ15		自然冷却
KP20	20	≤2.2	≤10	100～2 000	< 150	< 3		SZ16		自然冷却
KP30	30	≤2.4	≤20	100～2 400	< 200	< 3	50～1 000	SZ16		强迫风冷水冷
KP50	50	≤2.4	≤20	100～2 400	< 250	< 3		SL17		强迫风冷水冷
KP100	100	≤2.6	≤40	100～3 000	< 250	< 3.5		SL17		强迫风冷水冷
KP200	200	≤2.6	≤0	100～3 000	< 350	< 3.5		L18	11	强迫风冷水冷
KP300	300	≤2.6	≤50	100～3 000	< 350	< 3.5		L18B	15	强迫风冷水冷
KP500	500	≤2.6	≤60	100～3 000	< 350	< 4	100～1 000	SF15	19	强迫风冷水冷
KP800	800	≤2.6	≤80	100～3 000	< 350	< 4		SF16	24	强迫风冷水冷
KP1000	1 000			100～3 000				SS13		
KP1500	1 000	≤2.6	≤80	100～3 000	< 350	< 4		SF16	30	强迫风冷水冷
KP2000								SS13		
	1 500	≤2.6	≤80	100～3 000	< 350	< 4		SS14	43	强迫风冷水冷
	2 000	≤2.6	≤80	100～3 000	< 350	< 4		SS14	50	强迫风冷水冷

3）额定电压 U_R

在晶闸管的铭牌上，额定电压是以电压等级的形式给出的，通常标准电压等级规定为：

电压在1 000 V以下,每100 V为一级,1 000~3 000 V,每200 V为一级。晶闸管标准电压等级如表2-4所示。

表2-4 晶闸管标准电压等级

级别	正反向重复峰值电压/V	级别	正反向重复峰值电压/V	级别	正反向重复峰值电压/V
1	100	8	800	20	2 000
2	200	9	900	22	2 200
3	300	10	1 000	24	2 400
4	400	12	1 200	26	2 600
5	500	14	1 400	28	2 800
6	600	16	1 600	30	3 000
7	700	18	1 800		

在使用过程中,环境温度的变化、散热条件以及出现的各种过电压都会对晶闸管产生影响,因此在选择时,应当使晶闸管的额定电压为实际工作时可能承受的最大电压U_{TM}的2~3倍,即:

$$U_R \geqslant (2 \sim 3)U_{TM} \tag{2-13}$$

2. 晶闸管的电流定额

1)晶闸管的额定电流I_R

$$I = 1.57 I_R \tag{2-14}$$

式中,I为电流的有效值;额定电流I_R是一平均值。

由上式可知,有效值为额定值的1.57倍。即产品手册中的额定电流为$I_R = 100$ A的晶闸管可以通过任意波形、有效值为157 A的电流,其发热温升正好是允许值。

2)浪涌电流I_{TSM}

浪涌电流是指晶闸管在规定的极短时间内所允许通过的冲击性电流值,通常I_{TSM}比额定电流I_R大4π倍。

$$I_{TSM} \geqslant 4\pi I_R \tag{2-15}$$

例如,100 A的元件,其值为(1.3~1.9)kA;1 000 A的元件,其值为(13~19)kA。

3)维持电流I_H

维持电流是晶闸管维持导通所必需的最小阳极电流。当通过晶闸管的实际电流小于维持电流I_H时,晶闸管转为断态,大于此值时还能维持原有的通态。

4)擎住电流I_L

晶闸管在触发电流作用下触发导通后,只要管子中的电流达到某一临界值时,就可以把触发电流撤出,这时晶闸管仍然自动维持通态,这个临界值称为擎住电流I_L。擎住电流I_L和维持电流I_H都随结温的下降而增大。但是请注意,擎住电流和维持电流在概念上是不同的。通态擎住电流I_L要比维持电流I_H大2~4倍。

3. 动态参数

1) 开通时间 t_{on} 和关断时间 t_{off}

如前所述，t_{on} 为开通时间，t_{off} 为关断时间。

2) 断态电压临界上升率 du/dt

在规定条件下，不会导致从断态到通态转换的最大阳极电压上升率。其数值对于不同等级（共7级）的晶闸管是不同的，最差的A级器件为25 V/μs，最好的G级晶闸管高达1 000 V/μs，一般的为100～200 V/μs。

3) 通态电流临界上升率 di/dt

指在规定的条件下，晶闸管能够承受而不导致损坏的通态电流的最大上升率。目前最差的A级晶闸管为25 A/μs，最好的G级晶闸管为500 A/μs，一般为100～200 A/μs。

2.4.4 晶闸管的测试、保护

1. 晶闸管的简易测试方法

根据晶闸管的特性，可以很方便地使用万用表测试小型晶闸管的好坏。用万用表的 $R \times 1\mathrm{k}$ 挡或 $R \times 100$ 挡测量阳极与阴极的正、反向电阻都应很大，然后用黑表笔接阳极，红表笔接阴极，再用黑表笔碰门极，若正向电阻大幅下降，且黑表笔离开门极电阻不会变大，说明晶闸管能正常触发工作。

2. 晶闸管的保护

对晶闸管的保护主要考虑过电压保护和过电流保护。

晶闸管过电压的原因有以下几种：雷电原因，变压器一次侧突然接通或断开；正向电流突然切断；直流侧负载突然断开等。过电压的保护措施主要是在晶闸管的两端并联阻容吸收电路。也可以将两个晶闸管串接，再并联电阻均压后使用（见图2-20）。

晶闸管过电流的主要原因：过负载，负载侧短路，器件本身短路。对其进行过电流的保护一般采用串联快速熔断器的方法，还可以利用电源、变压器或直流回路的内阻抗来限制故障电流的大小及上升率（见图2-21）。

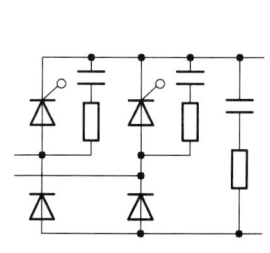

图2-20 过电压保护电路

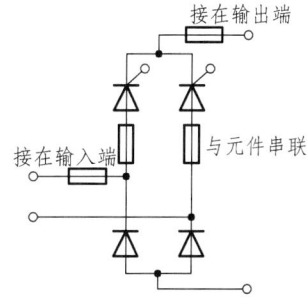

图2-21 过电流保护电路

2.5 绝缘栅双极性晶体管（IGBT）

绝缘栅双极晶体管（Isoloted Gate Bipolar Transistor，IGBT）是将 MOSFET 和 GTR 的优点集于一身的复合型器件，不仅能够控制电路开通，而且还能够控制电路关断，是全控型电压驱动式功率半导体器件，既具有输入阻抗高、速度快、热稳定性好和驱动电路简单的优点，又有通态电压低、耐压高的优点，因此发展快，备受欢迎，非常适合应用于直流电压为 600 V 及以上的变流系统如交流电机、变频器、开关电源、照明电路、牵引传动等领域。

2.5.1 IGBT 的基本结构和工作原理

1．IGBT 的基本结构

IGBT 是在功率 MOSFET 的漏极（N^+ 基板）上加一层 P^+ 基板（IGBT 的集电极）形成 4 层结构，在 C-E 之间由 PNP-NPN 晶体管构成 IGBT 的输出部分，设计时尽可能使 NPN 晶体管不起作用。因此，可认为 IGBT 的工作与 NPN 晶体管无关，可以将 IGBT 看成是以 N 沟道 MOSFET 为输入级，PNP 晶体管作为输出级的单向达林顿晶体管。它是以 GTR 为主导元件，MOSFET 为驱动元件的复合器件。其结构示意图、等效电路、电气符号如图 2-22 所示。它的外部有 3 个电极，分别为 G 栅极（门极）、C 集电极、E 发射极。

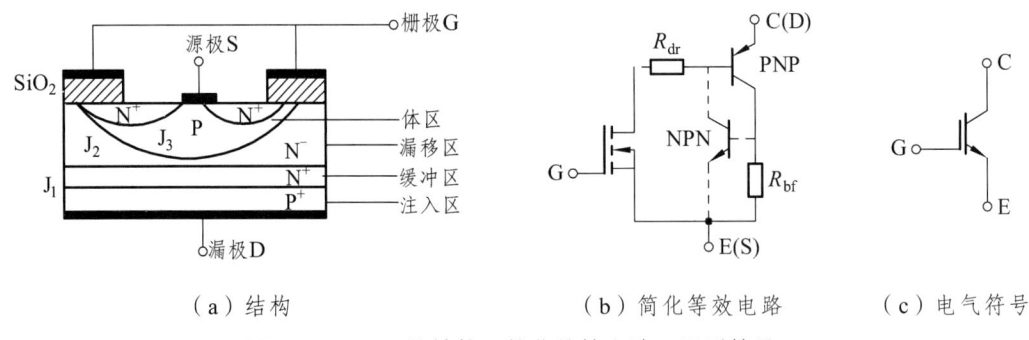

（a）结构　　　　（b）简化等效电路　　　　（c）电气符号

图 2-22　IGBT 的结构、简化等效电路、图形符号

2．IGBT 的工作原理

IGBT 的开关作用是通过加正向栅极电压形成沟道，给 PNP 晶体管提供基极电流，使 IGBT 导通。反之，加反向门极电压消除沟道，切断基极电流，使 IGBT 关断，具有高输入阻抗特性。

2.5.2 IGBT 的特性

1．静态特性

IGBT 的静态特性包括转移特性和输出特性。

IGBT 的转移特性描述的是集电极电流 I_C 与栅射电压 U_{GE} 之间的关系，如图 2-23（a）所示。开启电压 U_T 是 IGBT 能实现电导调制而导通的最低栅射电压。U_T 随温度升高而略有下降，在 25 ℃时，U_T 的值一般为 2～6 V。

IGBT 的输出特性也称伏安特性，描述的是以栅射电压为参考变量时，集电极电流 I_C 与集射极电压 U_{CE} 之间的关系，如图 2-23（b）所示。IGBT 的输出特性分为 4 个区域：正向阻断区、有源区、饱和区和反向阻断区。当 $U_{CE} > 0$ 而 $U_{GE} < U_T$ 时，IGBT 处于正向阻断状态；当 $U_{CE} > 0$ 且 $U_{GE} > U_T$ 时，IGBT 处于正向导通状态。随着的 U_{GE} 增加，集电极电流 I_C 将增大，在正向导通的大部分区域内，I_C 与 U_{GE} 呈线性关系，而与 U_{CE} 无关。饱和区是指输出特性有明显的弯曲特性部分。在电力电子电路中，IGBT 工作在开关状态，因而是在正向阻断区和饱和区之间来回转换，尽量避免工作在有源区，否则功耗将会很大。当 $U_{CE} < 0$ 时，IGBT 为反向阻断工作状态。

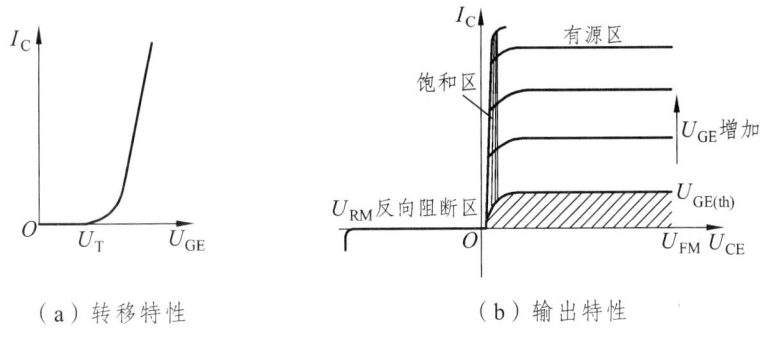

（a）转移特性　　　　　　　（b）输出特性

图 2-23　IGBT 的转移特性和输出特性

2．动态特性

IGBT 的动态特性也称为开关特性，包括开通和关断两部分，如图 2-24 所示。IGBT 的开通过程是从正向阻断状态转换到正向导通过程。从驱动电压 U_{GE} 的前沿上升至幅值的 10% 的时刻到集电极电流 I_C 上升至幅值的 10% 的时刻止，这段时间为开通延迟时间 $t_{d(on)}$。而 I_C 从 10% I_{CM} 上升至 90% I_{CM} 所需的时间为电流上升时间 t_r，开通时间为开通延迟时间与电流上升时间之和。开通时，集射电压 U_{CE} 的下降过程分为两段 t_{fv1} 和 t_{fv2}，前者为 IGBT 中 MOS 单独工作的电压下降过程；后者为 MOS 和 PNP 晶体管同时工作的电压下降过程。只有在 t_{fv2} 段结束时，IGBT 才完全进入饱和状态。

IGBT 的关断过程是从正向导通状态转换到正向阻断状态的过程。关断过程定义为从驱动电压的脉冲后沿下降到其幅值的 90% 的时刻起，到集电极电流下降至 90% I_{CM} 止，这段时间为关断延迟时间 $t_{d(off)}$；集电极电流从 90% I_{CM} 下降至 10% I_{CM} 这段时间为电流下降时间 t_f。二者之和为关断时间 t_{off}。

IGBT 的开通时间和关断时间一般为微秒数量级，因此其开关频率较高，为上千赫兹。开关时间的延长，导致 IGBT 的损耗增加。

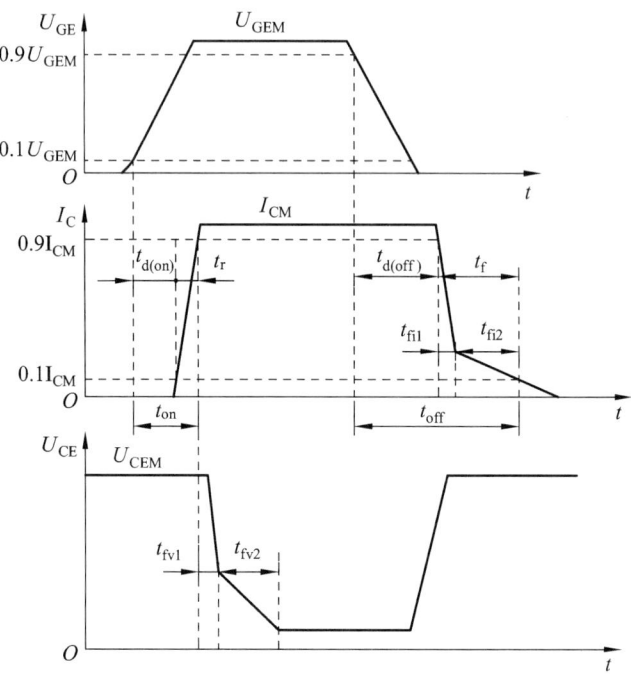

图 2-24 IGBT 的动态开关特性

2.5.3 IGBT 的参数

除了前面提到的各参数外，IGBT 还包括以下主要参数。

1. 集射极阻断电压 U_{CES}

集射极阻断电压指在栅极短路状态下，集电极-发射极之间能够施加的最大电压，它取决于 IGBT 内部的 PNP 晶体管所能承受的击穿电压的大小。

2. 集电极最大连续电流 I_C

集电极最大连续电流 I_C 为 IGBT 的额定电流。I_C 的大小主要取决于结温的限制。

3. 通态压降 $U_{CE(on)}$

通态压降 $U_{CE(on)}$ 是指 IGBT 处于导通时集射极间的导通压降。它决定了 IGBT 的通态损耗，此值越小，器件的功率损耗越小。

4. 最大集电极功耗 P_{CM}

最大集电极功耗 P_{CM} 是指在正常温度下允许的最大耗散功率。

5. 栅极-发射极电压 U_{GE}

在集电极-发射极间处于短路状态时，栅极-发射极间能够外加的最大电压。

6. 集电极-发射极间漏电流 I_{CES}

栅极-发射极处于短路状态时,在集射极之间加指定电压时的集电极-发射极间的漏电流。通常为几毫安。

7. 栅极-发射极间的漏电流 I_{GES}

集电极-发射极处于短路状态时,在栅射极之间加指定电压时的栅极-发射极间的漏电流。通常为零点几微安。

表 2-5 所示为德国 EUPEC（优派克）公司 IGBT（模块）的技术参数。

表 2-5 德国 EUPEC 公司 IGBT（模块）技术参数

型号	U_{CES} /V	U_{GE} /V	I_C (@25 °C) /A	I_C (@100 °C) /A	$U_{CE(on)}$ max /V	$t_{d(on)}$ /μs	$t_{d(off)}$ /μs
FE200R33KF2C	3300	±20	330	200	5	0.28	1.55
FE400R33KF2C	3300	±20	660	400	5	0.28	1.55
FZ200R65KFI	6500	±20	400	200	5.9	0.75	5.5
FZ400R65KFI	6500	±20	800	400	5.9	0.75	5.5
FZ600R65KFI	6500	±20	1 200	600	5.9	0.75	5.5

2.5.4 IGBT 模块

IGBT 模块是由 IGBT（绝缘栅双极型晶体管芯片）与 FWD（续流二极管芯片）通过特定的电路桥接封装而成的模块化半导体产品；电气符号如图 2-25 所示。封装后的 IGBT 模块直接应用于 UPS 不间断电源、变频器等设备上。在铁路机车动车上应用越来越广泛，在性能上，IGBT 容量和工作频率不断提高，通态压降不断降低。目前常用于机车牵引变流器的 IGBT 的容量为 3 300 V/1 200 A、4 500 V/900 A、6 500 V/600 A 等多个等级，频率可以高达 1~2 kHz，开关损耗较小。

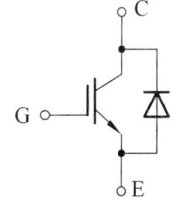

IGBT 模块具有节能、安装维修方便、散热稳定等特点，当前市场上销售的多为此类模块化产品，一般所说的 IGBT 也指 IGBT 模块；随着节能环保等理念的推进，此类产品在市场上越来越多。

图 2-25 IGBT 模块单元

以两单元某种型号 IGBT 模块为例（见图 2-26），可用模拟万用表测量 IGBT 模块好坏。全桥 IGBT 横块如图 2-27 所示。

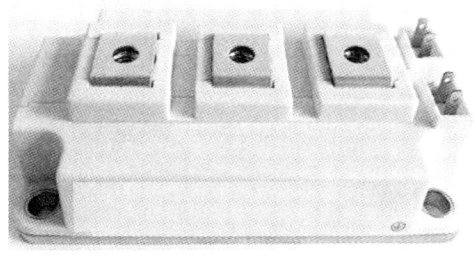

（a）封装

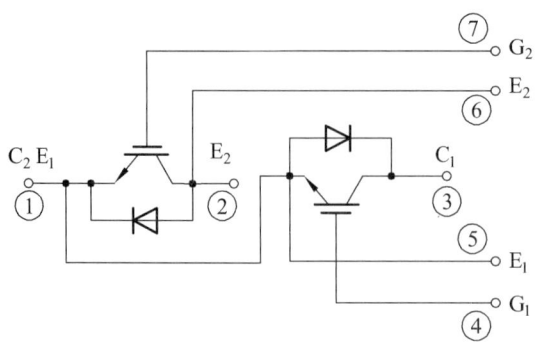

（b）电路

图 2-26　半桥 IGBT 模块（两单元）

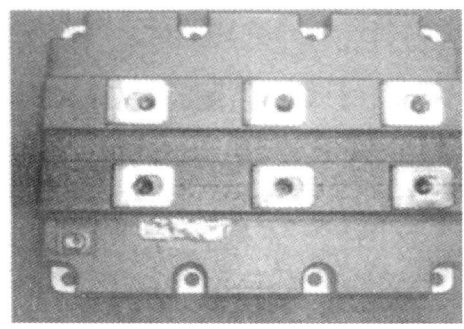

图 2-27　全桥 IGBT 模块（四单元）

1．静态测量

把万用表放在 R×100 Ω 挡，测量黑表笔接 1 端子、红表笔接 2 端子、显示电阻应为无穷大；表笔对调，显示电阻应为 500～600 Ω。用同样方法，测量黑表笔接 3 端子、红表笔接 1 端子，显示电阻应为无穷大；表笔对调，对应电阻应为 500～600 Ω，若符合上述情况，表明此 IGBT 的两个单元没有明显的故障。

2．动态测试

把万用表放在 R×10 kΩ 挡，测量黑表笔接 4 端子、红表笔接 5 端子，此时另一黑表笔接 3 端子，红表笔接 1 端子，万用表的指针摆向阻值较小的方向，把表笔对调，也有较小的电阻，表明此 IGBT 单元是完好的。用同样的方法测试 1、2 端子间的 IGBT，若符合上述情况，表明 IGBT 也是完好的。

任何指针式万用表皆可用于检测 IGBT。注意，判断 IGBT 的好坏时，动态测试一定要将万用表拨在 R×10 kΩ 挡，因 R×1 kΩ 挡以下各挡万用表内部电池电压太低，检测好坏时不能使 IGBT 导通，因而无法判断 IGBT 的好坏。

2.5.5　IGBT 的保护措施

由于 IGBT 具有极高的输入阻抗容易造成静电击穿，故存放和测试应采取防静电措施。

将 IGBT 用于电力变换时，为了保证安全运行，防止异常现象造成器件损坏，必须采取完备的保护措施，常用的保护措施有：

（1）通过检测出的过电流信号切断门极（栅极）信号，实现过电流保护。

（2）利用缓冲电路抑制过电压，并限制过高的电压变化率 du/dt。

（3）利用温度传感器检测 IGBT 的外壳温度，当超过允许温度时主电路跳闸，实现过热保护。

2.5.6 使用与保管

1．使用时模块的选择

使用中，当 IGBT 模块集电极电流增大时，所产生的额定损耗亦变大。同时，开关损耗增大，使器件发热加剧，因此，选用 IGBT 模块时额定电流应大于负载电流。特别是用作高频开关时，由于开关损耗增大，发热加剧，选用时应该降等使用。

2．使用注意事项

由于 IGBT 模块为 MOSFET 结构，IGBT 的栅极通过一层氧化膜与发射极实现电隔离。由于此氧化膜很薄，其击穿电压一般达到 20~30 V。因此因静电而导致栅极击穿是 IGBT 失效的常见原因之一。因此使用中要注意以下几点：

（1）在使用模块时，尽量不要用手触摸驱动端子部分，当必须要触摸模块端子时，要先将人体或衣服上的静电用大电阻接地进行放电后，再触摸；在用导电材料连接模块驱动端子时，在配线未接好之前请先不要接上模块；尽量在底板良好接地的情况下操作。在应用中有时虽然保证了栅极驱动电压没有超过栅极最大额定电压，但栅极连线的寄生电感和栅极与集电极间的电容耦合，也会产生使氧化层损坏的振荡电压。为此，通常采用双绞线来传送驱动信号，以减少寄生电感。在栅极连线中串联小电阻也可以抑制振荡电压。

（2）在栅极-发射极间开路时，若在集电极与发射极间加上电压，则随着集电极电位的变化，由于集电极有漏电流流过，栅极电位升高，集电极则有电流流过。这时，如果集电极与发射极间存在高电压，则有可能使 IGBT 过热及至损坏。

（3）在使用 IGBT 的场合，当栅极回路不正常或栅极回路损坏时（栅极处于开路状态），若在主回路上加上电压，则 IGBT 就会损坏，为防止此类故障，应在栅极与发射极之间串接一只 10 kΩ 左右的电阻。

（4）在安装或更换 IGBT 模块时，应十分重视 IGBT 模块与散热片的接触面状态和拧紧程度。为了减少接触热阻，最好在散热器与 IGBT 模块间涂抹导热硅脂。一般散热片底部安装有散热风扇，当散热风扇损坏后散热片散热不良时将导致 IGBT 模块过热，产生故障。因此对散热风扇应定期进行检查，一般在散热片上靠近 IGBT 模块的地方安装有温度感应器，当温度过高时将报警或停止 IGBT 模块工作。

3．保管注意事项

一般保存 IGBT 模块的场所，应保持常温、常湿状态，不应偏离太大。常温的规定为 5~

35 ℃，常湿的规定为 45%～75%。在冬天特别干燥的地区，需用加湿机加湿；尽量远离有腐蚀性气体或灰尘较多的场合；在温度发生急剧变化的场所 IGBT 模块表面可能有结露水的现象，因此 IGBT 模块应放在温度变化较小的地方；保管时，须注意不要在 IGBT 模块上堆放重物；装 IGBT 模块的容器，应选用不带静电的容器。

IGBT 模块由于具有多种优良的特性，使它得到了快速的发展和普及，已应用到电力电子的各方各面。因此熟悉 IGBT 模块性能，了解选型及使用时的注意事项对实际应用是十分必要的。

2.5.7 智能功率模块 IPM

1. 智能功率器件的特点

智能功率器件是指把功率器件与传感器、检测和控制电路、保护电路及故障自诊断电路等集成为一体并具有功率输出能力的新型器件。由于这类器件可代替人工来完成复杂的功率控制，因此它被赋予智能的特征。例如，在智能功率器件中，常见的保护功能有欠电压保护、过电压保护、过电流及短路保护、过热保护。此外，某些智能功率器件还具有输出电压过冲保护、瞬态电流限制、软启动和最大输入功率限制等保护电路，从而大大提高了系统的稳定性与可靠性。

特点：智能功率器件具有体积小、重量轻、性能好、抗干扰能力强、使用寿命长等显著优点，可广泛用于单片机测控系统、变频调速器、电力电子设备、家用电器等领域。

2. 智能功率器件的产品分类

智能功率器件可分成两大类，即智能功率集成电路与智能功率模块。

1）智能功率集成电路

智能功率集成电路的种类很多，如摩托罗拉公司研制的 MC33370 系列高压功率开关调节器、西门子公司生产的 SIPMOS 智能功率开关等。

2）智能功率模块

智能功率模块是采用微电子和先进的制造工艺，把智能功率集成电路与微电子器件及外围功率器件组装成一体，能实现智能功率控制的商品化部件。模块大多采用密封式结构，以保证良好的电气绝缘和抗震性能。用户只需了解模块的外特性即可使用。因此，它能简化设计工作，缩短系统的研制周期。国内外许多著名的模块厂商的产品都通过了 IEC950（国际电工委员会）或 GS（德国）等认证，其质量可靠、可靠性好、抗干扰性强、符合电磁兼容性（EMC）标准、便于维修，上机合格率可达 100%。

例如，日本三菱电机公司开发的 IPM 系列第三代智能功率模块，其用途极为广泛。我国也相继开发出变频空调器专用智能功率模块、电动机智能功率模块等新产品。

本章小结

1. 功率二极管 PD（电力二极管）

（1）功率二极管有两个电极：阳极 A 和阴极 K。功率二极管按结构分主要有平板型和螺栓型。200 A 以上的器件多采用平板型。

（2）功率二极管的特性有伏安特性（静态特性）和开关特性（动态特性）。

功率二极管伏安特性曲线分为正向特性和反向特性，通常情况为正向导通，反向阻断。

开关特性分为开通特性和关断特性。

（3）功率二极管的主要参数包括正向平均电流、正向压降、反向重复峰值电压、浪涌电流、反向恢复时间等。

（4）功率二极管根据用途还有普通二极管、快恢复二极管、肖特基二极管等。

2. 功率晶体管 GTR（巨型三极管或电力三极管）

（1）功率晶体管通常由多个晶体管复合组成，有三个电极：基极 B、集电极 C 和发射极 E。是一种大功率、高反压的全控器件，具有饱和压降低、开关时间和安全工作区宽等特点。

（2）功率晶体管静态（输出）特性分为 3 个区域：截止区、放大区、饱和区，功率晶体管通常在截止区和饱和区之间转换。

功率晶体管动态特性主要用开关时间表示其性能，开通时间为纳秒数量级，关断时间在微秒数量级。

（3）功率晶体管主要参数包括集电极和发射极间的击穿电压、集电极电流额定值、最大耗散功率和开关频率等。

3. 功率场效应管（电力场效应管）

（1）功率场效应管有三个电极：栅极 G、源极 S、漏极 D。具有开关速度快、损耗低、驱动电流小、无二次击穿的优点。

（2）功率场效应管静态特性包括转移特性和输出特性。输出特性有 3 个区域：线性导电区、饱和恒流区和雪崩击穿区。电力场效应管开通时工作在线性导电区。

功率场效应管开关速度非常快。

（3）功率场效应管主要参数包括通态电阻、开启电压、漏极击穿电压、栅源击穿电压、漏极连续电流、极间电容和开关时间等。

（4）功率场效应管的保护主要有栅源过电压保护、漏源过电压保护、过热保护、静电保护等。

4. 晶闸管 SCR

（1）晶闸管俗称可控硅，是一个 4 层半导体、3 个 PN 结的器件。有 3 个电极：阳极 A、阴极 K 和门极 G，是半控型-电流控制型器件。

（2）晶闸管的特性有静态特性和动态特性。

静态特性又称伏安特性，晶闸管的伏安特性包括正向特性和反向特性。晶闸管加正向电压，晶闸管处于阻断状态。当门极有触发电流时，晶闸管触发开通，随着门极电流增大，晶闸管的正向转折电压降低，晶闸管的正向导通压降较低。晶闸管加反向电压，晶闸管反向阻断，反向电压过高，反向击穿。

晶闸管的动态特性又称开关特性，普通晶闸管开通时间为微秒数量级，关断时间为几百微秒。

（3）晶闸管的主要参数包括额定电压、额定电流浪涌电流、维持电流、擎住电流等。

（4）晶闸管的保护主要有过电压保护和过电流保护。过电压保护措施主要是在晶闸管的两端并联阻容吸收电路，过电流保护一般采用串联快速熔断器。

5. 绝缘栅场效应管 IGBT

（1）IGBT 是全控型-电压控制型-复合型器件，既有输入阻抗高、开关速度快、热稳定性好和驱动电路简单的优点，又有通态电压低、耐压高的优点。3 个电极分别为集电极、发射极和栅极。

（2）IGBT 的开关作用是通过加正向栅极电压形成沟道，给 PNP 晶体管提供基极电流，使 IGBT 导通。反之，加反向门极电压消除沟道，流过反向基极电流，使 IGBT 关断。

（3）IGBT 的静态特性包括转移特性和输出特性。IGBT 的输出特性分为四个区域：正向阻断区、有源区、饱和区和反向阻断区。电力电子中的 IGBT 在正向阻断区和饱和区之间来回转换。

IGBT 的开通和关断时间一般为微秒的数量级，开关频率较高。

（4）IGBT 的主要参数包括集射极击穿电压、集电极最大连续电流、通态压降、最大集电极功耗、栅极、发射极电压和集电极-发射极间漏电流等。

（5）IGBT 模块是由绝缘栅双极型晶体管芯片与续流二极管芯片通过特定电路桥接封装而成的，有半桥的和全桥的，应用广泛。

6. 智能功率器件 IPM

就是把功率器件与传感器、检测和控制电路、保护电路及故障自诊断电路等集成为一体并具有功率输出能力的新型器件。

 复习思考题 >>>

1. 电力电子器件 PD（二极管）、GTR（电力三极管）、SCR（晶闸管）三者结构有何不同？
2. 晶闸管有哪几种类型？
3. 简述晶闸管的开通关断条件。
4. 晶闸管的主要参数有哪些？
5. 简述晶闸管的简易测试方法。
6. 晶闸管过电压的原因有哪些？主要采取的保护措施是什么？
7. IGBT 有哪些优点？
8. 简述 IGBT 的工作原理。
9. IGBT 的主要参数有哪些？
10. 简述用万用表测量半桥 IGBT 模块好坏的方法。
11. IGBT 模块主要有哪些保护措施？
12. IGBT 模块使用时有哪些注意事项？
13. IGBT 模块保存时有哪些注意事项？

章末练习题 >>>

一、选择题

1. 在设计电路时,选择晶闸管的额定电压为线路中经常发生的最大电压的（　　）倍,以提高电压的裕度。
   A. 2~3 倍　　　　B. 1~2 倍　　　　C. 3~4 倍

2. 按照信号的控制程度分类,晶闸管属于（　　）器件。
   A. 不控器件　　　B. 半控器件　　　C. 全控器件

3. 晶闸管的擎住电流是维持电流的（　　）倍。
   A. 1~2　　　　　B. 2~4　　　　　C. 1~3

4. 普通晶闸管有（　　）PN 结。
   A. 1个　　　　　B. 2个　　　　　C. 3个　　　　　D. 4个

5. 如果通过晶闸管的通态电流上升率过大,而其他一切满足规定条件时,则晶闸管将（　　）。
   A. 误导通　　　　　　　　　　　B. 有可能因局部过热而损坏
   C. 失控　　　　　　　　　　　　D. 关闭

6. 晶闸管触发导通后,其控制极对主电路（　　）。
   A. 仍有控制作用　　　　　　　　B. 失去控制作用
   C. 有时仍有控制作用　　　　　　D. 控制更强

7. 晶闸管的额定电流是指（　　）。
   A. 额定正向平均电流　　　　　　B. 反向不重复平均电流
   C. 反向重复平均电流　　　　　　D. 额定反向平均电流

8. 晶闸管的额定电压是指（　　）。
   A. 正向平均电压　　　　　　　　B. 反向不重复峰值电压
   C. 反向重复峰值电压　　　　　　D. 正向不重复峰值电压

9. 晶闸管的过电流保护常用的有（　　）。
   A. 电阻　　　　B. 电容　　　　C. 过流继电器　　　D. 快速熔断器

10. 晶闸管的过电压保护常用的有（　　）。
    A. 电阻　　　　B. 电容　　　　C. 阻容保护　　　　D. 快速熔断器

11. 螺栓式晶闸管的螺栓是晶闸管的（　　）。
    A. 阴极　　　　B. 阳极　　　　C. 门极　　　　　　D. 任意

12. 通态平均电压值是衡量晶闸管质量好坏的指标之一,其值（　　）。
    A. 越大越好　　B. 越小越好　　C. 适中为好　　　　D. 无所谓

13. 双极型晶体管和场效应晶体管的控制信号,即驱动信号为（　　）。
    A. 均为电压控制
    B. 均为电流控制
    C. 双极型晶体管为电压控制,场效应管为电流控制
    D. 双极型晶体管为电流控制,场效应管为电压控制

14. 一晶闸管的型号为 KP600-28，其额定电压为（　　）。
   A. 600 V　　　B. 6 000 V　　　C. 280 V　　　D. 2 800 V
15. 一晶闸管型号为 3CT200/600，其额定电压为（　　）。
   A. 200 V　　　B. 2 000 V　　　C. 600 V　　　D. 6 000 V
16. IGBT 模块是由 IGBT 与 FWD 的连接方式为（　　）。
   A. 并联　　　B. 串联　　　C. 混联　　　D. 反并联
17. 由于 IGBT 具有极高的输入阻抗容易造成（　　）击穿。
   A. 热击穿　　　B. 机械击穿　　　C. 静电击穿　　　D. 二次击穿
18. 下列不是 IGBT 常用的保护措施有（　　）。
   A. 通过检测出的过电流信号切断门极（栅极）信号，实现过电流保护
   B. 利用空调加热，实现过冷保护
   C. 利用缓冲电路抑制过电压，并限制过高的电压变化率 du/dt
   D. 利用温度传感器检测 IGBT 的外壳温度，当超过允许温度时主电路跳闸，实现过热保护

二、填空题

1. IGBT 的全称为＿＿＿＿＿，其 3 个管脚分别称为＿＿＿＿＿、＿＿＿＿＿、＿＿＿＿＿。
2. SCR 的全称为＿＿＿＿＿，其 3 个管脚分别称为＿＿＿＿＿、＿＿＿＿＿、＿＿＿＿＿。

三、判断题

1. 晶闸管额定电流时通态平均电压降一般为 1 V。（　　）
2. 如果正向电压加到晶闸管上（没有触发信号），J_2 处于反偏，器件 A、K 两端处于阻断状态，只能流过很小的漏电流。（　　）
3. 晶闸管的开通时间一般为 1 h 左右。（　　）
4. 晶闸管的导电特性和二极管一样，加正向电压导通，加反向电压截止。（　　）
5. 晶闸管的额定电流是一有效值。（　　）
6. 普通晶闸管控制极加正向电压则导通，加反向电压则截止。（　　）
7. 绝缘栅双极晶体管。它将 MOSFET 和 GTR 的优点集于一身的复合型器件，不仅能够控制电路开通，而且还能够控制电路关断，是全控型电压驱动式功率半导体器件。（　　）
8. IGBT 既具有输入阻抗高、速度快、热稳定性好和驱动电路复杂的优点，又有通态电压低、耐压高的优点。（　　）
9. IGBT 的关断过程是从正向导通状态转换到正向阻断状态的过程。（　　）
10. IGBT 的开通过程是从正向阻断状态转换到正向导通过程。（　　）
11. 栅极-发射极间的漏电流为集电极-发射极处于短路状态时，在栅射极之间加指定电压时的栅极-发射极间的漏电流。通常为零点几安培。（　　）

第 3 章 直-直斩波电路

第 3 章课件

直流斩波电路的功能是将一个恒定的直流电压变换成另一种固定或大小可调的直流电压。它是一种开关型 DC/DC 变换电路，俗称斩波器。根据输出电压大小，可以分为升压斩波电路、降压斩波电路和升降压斩波电路。直流斩波被广泛应用于可控直流开关稳压电源、焊接电源和直流电机的调速控制等。

3.1 斩波电路概述

3.1.1 基本直流斩波电路的工作原理

问题与思考：斩波电路能够一个恒定的直流电压变换成另一种固定或大小可调的直流电压，需要怎样设计电路才能利用电子开关使输出电压大小可调呢？

基本斩波电路原理图如图 3-1（a）所示。电阻 R 为斩波器的负载，S 为高速开关（通常使用 IGBT 作为高速开关，也可以用 GTR、MOS 管）。当开关开通时，电源电压 U_d 加到负载电阻 R 上，并持续时间 t_{on}；当开关关断时，负载电压为零并持续时间 t_{off}。斩波器的输出波形如图 3-1（b）所示，T（$T = t_{on} + t_{off}$）为斩波器的工作周期。

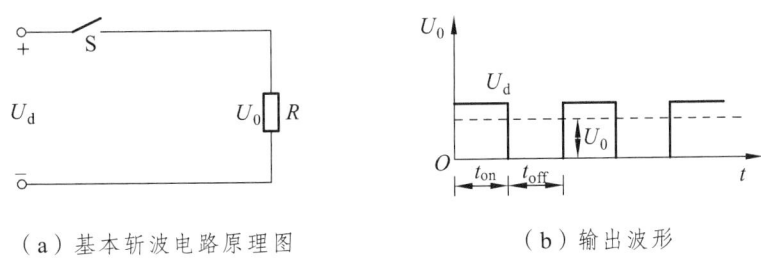

（a）基本斩波电路原理图　　　　（b）输出波形

图 3-1 基本斩波电路图及工作波形

将 $\alpha = \dfrac{t_{on}}{T}$ 定义为占空比，则斩波电路输出电压的平均值为

$$U_o = \frac{t_{on}}{T} U_d = \alpha U_d \tag{3-1}$$

经过分析可知，斩波电路的基本原理是周期性地快速开通、关断负载电路，从而将直流电"斩"成一系列的脉冲电压，改变这个脉冲电压的开通、关断时间比，就可以方便地调整输出电压的平均值。

交流与讨论：如果不是快速开通、关断负载电路，将有什么样的后果呢？

3.1.2 直流斩波电路的控制方式

问题与思考：斩波电路输出电压大小可以调节，通过公式可知调节占空比大小即可，那么，应该怎样控制呢？

改变导通时间 t_{on} 或导通周期 T 都可改变占空比，从而改变斩波器的输出电压。因此，斩波电路有三种电压控制方式。

1．定频调宽控制（脉冲宽度调制——PWM）

保持斩波周期 T 不变，只改变斩波开关导通时间 t_{on}。这种控制方式的特点是斩波器的基本频率不变，因此滤除高次谐波的滤波器设计比较简单。

2．定宽调频控制（脉冲频率调制——PFM）

保持斩波开关导通时间 t_{on} 不变，改变斩波开关工作周期 T。这种控制方式的特点是斩波回路和控制回路变得简单，但频率是变化的，因而滤波器的设计比较困难。

3．调频调宽混合控制

同时改变斩波开关导通时间 t_{on} 和斩波开关的工作周期 T。这种控制方式的特点是可以大幅度地变化输出，但也存在着由于频率变化所引起的设计滤波器比较困难的问题。

3.2 基本斩波电路

基本斩波电路有升压斩波电路、降压斩波电路和升降压斩波电路。下面依次进行分析。

3.2.1 降压斩波电路

问题与思考：由图 3-1 和公式 3-1 可知，基本斩波电路输出电压大小可以调节，且输出电压低于输入电压，从波形图看出，电压波形不连续。对于电阻性负载而言，电流连续不连续都可以，但对于直流电机来说，需要的电流是既连续又可调的。怎样设计电路，才能满足直流电机的要求呢？

如图 3-2（a）所示，用 VT（IGBT）代替高速开关 S，负载为直流电机负载，此时在直流电机电路中串联一个大电感，利用电感电流不能突变特性使电流连续。但是，高速开关断开电路时，在电感两端会产生一个过电压，为了解决这个问题，在电路中加二极管完成续流，连接方式如图 3-2（b）所示。

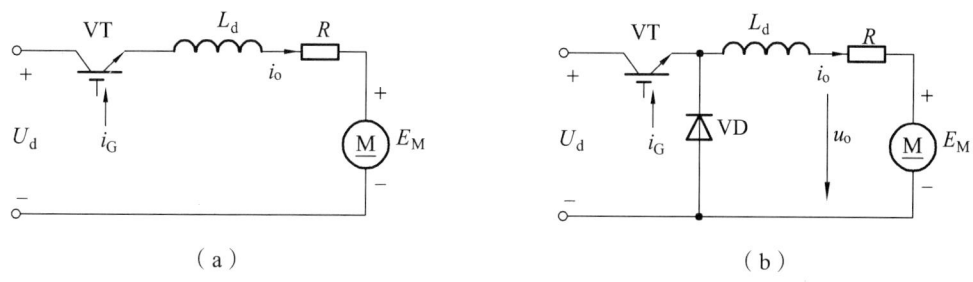

图 3-2　降压斩波电路

1. 电路结构

如图 3-3 所示为一实际应用的降压斩波电路原理图，电路中的 VT 是一个采用全控器件 IGBT 的斩波开关；VD 为续流二极管，L_d 为平波电抗器。可使负载得到一个平滑的输出电流；L_F 和 C_F 组成输入滤波回路，用于吸收斩波器产生的谐波电流；U_d 为输入直流电压，U_O 为输出直流电压。

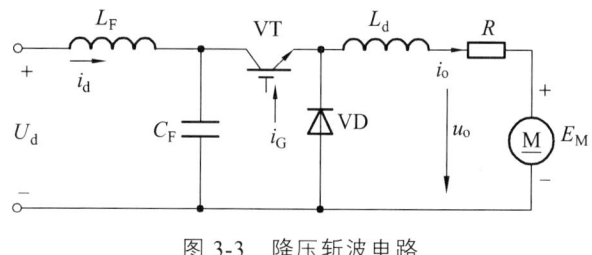

图 3-3　降压斩波电路

2. 工作过程分析

假设电路工作在稳态过程，C_F 和 L 足够大，且负载电流连续。当 $t = t_{on}$ 期间，VT 导通，二极管 VD 反偏，电源电压加在平波电抗器负载上，电源 U_d 通过 L_d 向负载供电，i_o 增加，电感 L_d 的储能也增加。

此时电流流通路径为

$$+ \to L_F \to VT \to L_d \to R \to \underline{M} \to -$$

当 $t = t_{off}$ 期间，VT 关断时，电感中储存的电能产生感应电势，使二极管导通，故电流 i_L 经二极管 VD 续流，$u_L = -u_o$，电感 L 向负载供电，电感 L 的储能逐步消耗在 R 上，电流 i_L 下降，此时电感相当于电源。

此时电流流通路径为

$$L \text{ 右端} \to R \to \underline{M} \to VD \to L \text{ 左端}$$

3. 基本数量关系

在稳态情况下，周期性地控制 VT 的开通与关断，则斩波器输出电压的平均值为

$$U_O = \frac{t_{on}}{t_{on} + t_{off}} U_d = \frac{t_{on}}{T} U_d = \alpha U_d \tag{3-2}$$

式中，α 为导通占空比；t_{on} 为 VT 的导通时间；T 为开关周期。

通常 $t_{on} \leqslant T$，所以该电路是一种降压直流变换电路。当输入电压 U_d 不变时，输出电压 U_O 随占空比 α 的线性变化而线性改变，而与电路其他参数无关。

负载电流平均值为

$$I_O = \frac{U_O - E_M}{R} \qquad (3\text{-}3)$$

通常电路开关频率较高，L 值较大，电流连续。输出电流、电压波形如图 3-4 所示。

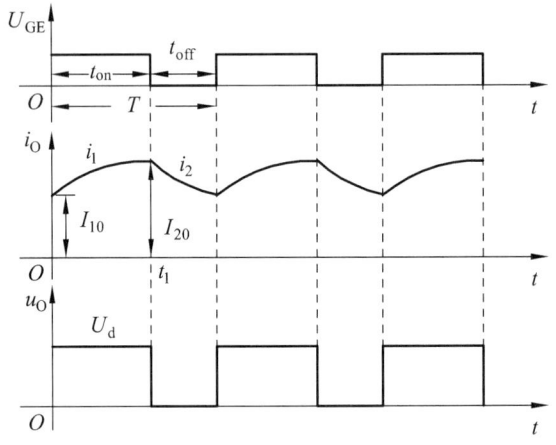

图 3-4 降压斩波电路输出电压连续时的波形图

实际应用中，降压斩波电路的典型用途是直流电机调速，也可以带蓄电池负载。

3.2.2 升压式直流斩波电路

问题与思考：降压斩波电路输出电压低于输入电压，在实际应用中有时需要高于输入端的电压，此时，电路应该怎样设计呢？

通过电工电子技术的学习我们知道，流经电感的电流发生突变时，在电感两端产生过电压，此过电压和电源电压叠加将大大高于电源电压，电路如图 3-5（a）所示，当电子开关 VT 断开时，负载 R 上可以获得高电压，但电子开关 VT 接通时，负载 R 上无电压。为了解决这一问题，在负载 R 两端并联大电容，如图 3-5（b）所示获得稳定电压，可是电子开关接通时，把电容短路了，需要把电容和电子开关隔离开来，如图 3-5（c）所示接入隔离二极管即可。

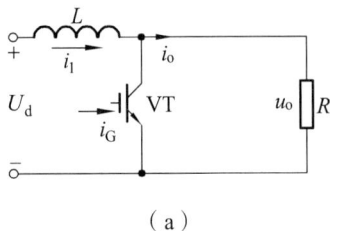

（a）

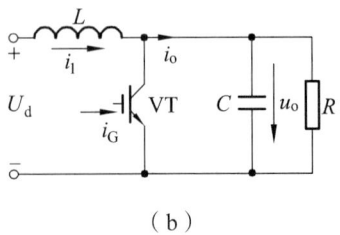

（b）

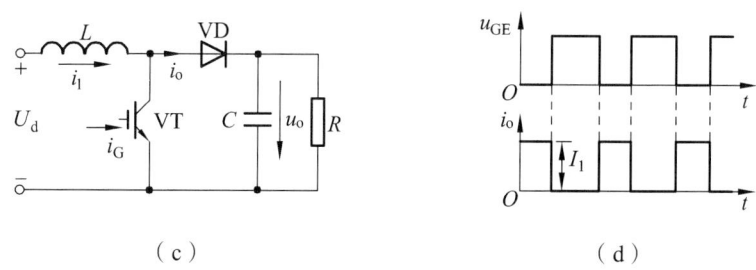

（c） （d）

图 3-5 升压斩波电路及波形

1. 电路的结构

图 3-5（c）电路中，L 和 C 分别为电感量很大的储能电感和电容量很大的储能电容，R 为负载，VD 为隔离二极管。由于输出电压 U_O 高于输入电压 U_d，称为升压斩波电路。图 3-5（d）所示分别为电子开关 VT 的控制电压和输出电流波形。

2. 工作过程分析

当电子开关 VT 开通时，图 3-5（c）变成图 3-6（a）所示，电源 U_d 向电感 L 充电，充电电流基本恒定为 I_1，此时电感的自感电势为左正右负；电容 C 向负载 R 放电，故 C 值很大，基本保持输出电压 U_O 恒定。此时，隔离二极管 VD 因受电容反向电压而关断。

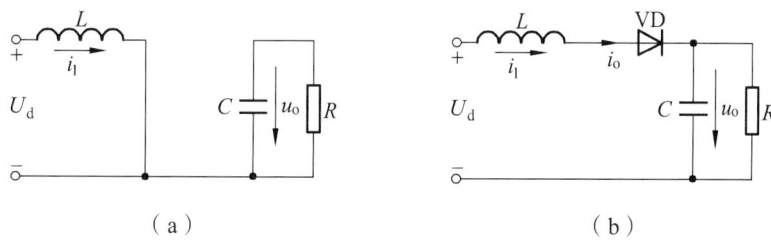

（a） （b）

图 3-6 降压斩波电路 VT 接通、断开时等效电路

此时电流流通路径为：① +→L→VT→-；② C 上→R→C 下。

当电子开关 VT 关断时，图 3-5（c）变成图 3-6（b）所示，电感 L 中的电流维持原来的反向不变，其自感电动势改变极性，变为左负右正，并和电源正向叠加，向电容 C 充电，同时向负载 R 供电。这样，电子开关导通时存储在电感 L 中的能量便释放到电容 C 上。此时隔离二极管 VD 承受正向电压而导通。

此时电流流通路径为：+ ——→L ——→VD ——→R ——→-
　　　　　　　　　　　　　　　　　└——→C ——┘

3. 基本数量关系

负载电压 U_O 的表达式，即

$$U_O = \frac{1}{1-\alpha} U_d \tag{3-4}$$

升压式直流斩波电路之所以能使输出电压高于电源电压,一是 L 储能之后具有电压泵生的作用,二是电容可使输出电压保持住。电阻 R 电压、电流连续,但 i_o 电流不连续。

3.2.3 Cuk 直流斩波电路(升降压斩波电路)

问题与思考:升压斩波电路输出电压高于输入电压,降压斩波电路输出电压低于输入电压。那么,有没有一种电路,输出电压既可高于输入电压,又可低于输入电压呢?

1. Cuk 直流斩波电路结构

Cuk 斩波电路是一种升降压式斩波电路,其原理图及等效电路如图 3-7(a)所示。图中 VT 是斩波开关管,L_1 及 L_2 为储能电感,VD 是快速恢复续流二极管,C 为传送能量的耦合电容。

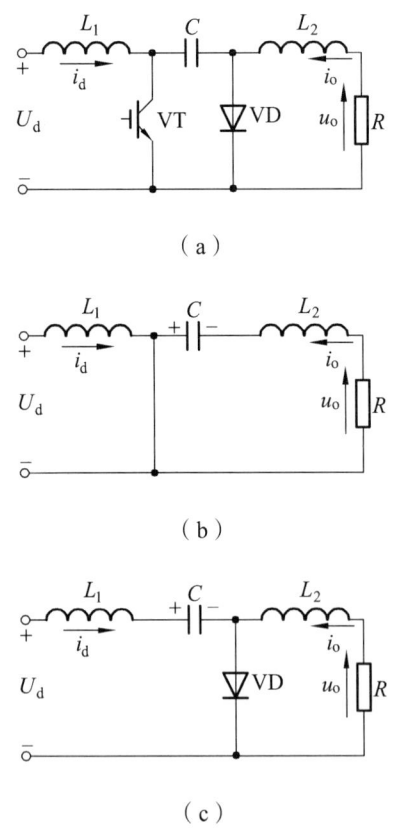

图 3-7 CuK 直流斩波电路

2. 工作过程分析

电路处于稳态时,当控制开关 VT 导通时,图 3-7(a)变为图 3-7(b)所示,电源 U_d 经 L_1→VT 回路给 L_1 充电储能,电容 C 通过(C 左+)→VT→R→L_2→C(右-)回路向负载 R 输出电压,负载电压极性为下正上负。此时二极管反向截止。

当控制开关 VT 截止时,图 3-7(a)变为图 3-7(c)所示,电源 U_d 通过 L_1→C→VD 回路向电容 C 充电,极性为左正右负;L_2 通过 L_2(左+)→VD→R→L_2(右-)回路向负载 R 输出电压,电压的极性为下正上负,与电源电压相反。

3.基本数量关系

输出电压为:

$$U_O = \frac{\alpha}{1-\alpha}U_d \tag{3-5}$$

由式(3-5)可知,升降压斩波电路的输出电压可以高于或低于电源电压。当 $\alpha = 0.5$ 时,$U_O = D_d$;当 $\alpha < 0.5$ 时,为降压斩波电路;当 $\alpha > 0.5$ 时,为升压斩波电路。

电路特点:输出电压极性与输入电压极性相反,输出及输入端的电流是连续的,而且脉动很小;输出直流电压平稳,降低了对外部滤波器的要求。

3.3 多象限斩波电路

以直流斩波电路的输出电流 i_O 为横坐标,输出电压 u_O 为纵坐标,电路的工作象限如图 3-8 所示。前述的基本斩波电路均称为第一象限斩波器,在实际情况中,常要求斩波器具有两个象限的工作能力,称为二象限直流斩波器。对于直流电机的控制在很多场合都需要工作在四个象限,对应的电路称之为四象限斩波器。本节讨论中,列举的负载为电机负载或蓄电池负载,各种斩波器均运行在两个以上象限,即负载有可能向电源回馈能量。

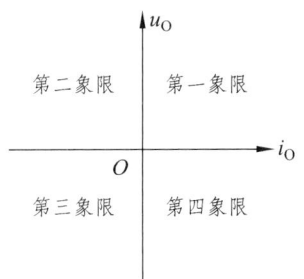

图 3-8 直流斩波电路工作象限示意图

问题与思考:实际生活中,电动车作为常用的交通工具,有直流电机驱动的,也有交流电机驱动的,对于直流电机驱动的电动车而言,是如何控制加速的,如何控制其制动的?

3.3.1 桥臂式二象限直流斩波器

桥臂式二象限直流斩波器工作在第一、二象限或第三、四象限,适用于电机牵引和制动时感应电动势 E(电压大小也为 E,从"+"指向"-")方向都不变的工况或蓄电池负载。电路组成如图 3-9 所示。

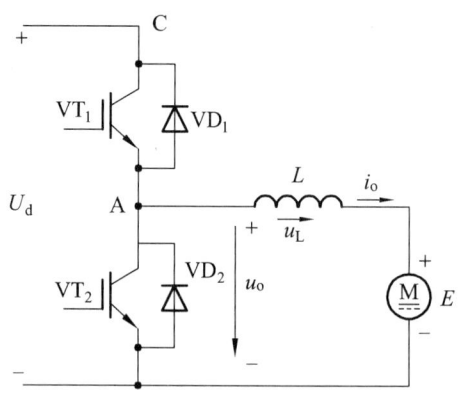

图 3-9 桥臂式二象限直流斩波电路

1. 降压斩波器

电机电动运行时，E 的方向为正时，构成降压斩波器。

开关的控制规律：如图 3-9 所示，VT_2、VD_1 始终关断，VT_1、VD_2 交替开通，即封锁 VT_2 的触发驱动脉冲，开关器件 VT_1 和续流二极管 VD_2 构成了降压斩波器，工作在第一象限，将电源 U_d 的功率传给电机。适当地控制 VT_1 占空比 α，可使电机在电动机运行状态下工作。

VT_1 开通时电流路径：$+ \rightarrow VT_1 \rightarrow A \rightarrow L \rightarrow \underline{M} \rightarrow -$

VT_1 关断时电流路径：$A \rightarrow L \rightarrow \underline{M} \rightarrow VD2 \rightarrow A$

稳态时，$E = \alpha U_d$，控制占空比 α 可以调节电动机的转速。

2. 升压斩波器

电机制动运行时，使电机工作在发电机状态，电磁转矩的方向与旋转的方向相反，此时 E 的方向为正，构成升压斩波器。

开关的控制规律：如图 3-9 所示，VT_1、VD_2 始终关断，VT_2、VD_1 交替开通，即封锁 VT_1 的触发驱动脉冲，将 E 看为输入端，则开关器件 VT_2 与续流二极管 VD_1 构成升压斩波器，工作在第二象限。适当地控制 VT_2 占空比 α，能将电机的功率传给电源，可使电机在再生制动运行状态下工作。

此时以发电机 E 作为输入端，电压方向与参考方向一致，电流方向与参考方向相反，U_d 作为输出端。稳态时，$U_d = E/(1-\alpha)$，控制占空比 α 可以调节直流环节电压，给直流环节充电，同时可以调节电机的制动功率。

3. 实际应用

如图 3-10 所示为一种电动汽车（发电机和电动机混合动力）的变压系统，假定直流母线工作最大电压为 500 V，其中发电机（30 kW，由发动机驱动）和蓄电池组（20 kW/200 V）可以给电动机（50 kW）联合供电；发电机也可以给蓄电池组充电，蓄电池组可以被充电也可以放电给直流环节来驱动电动机。当蓄电池组被发电机充电时，此时 VT_2、VD_1 始终关断，VT_1、VD_2 交替开通，VD_2 为电感 L 续流，为降压斩波器；当蓄电池放电给直流环节来驱动电动机时，VT_1、VD_2 始终关断，而 VT_2、VD_1 交替开通，VD_1 为电感 L 续流，从右向左看为升压斩波器，将蓄电池组的 200 V 升压到直流环节的电压 500 V，从而提高电动机的转矩。

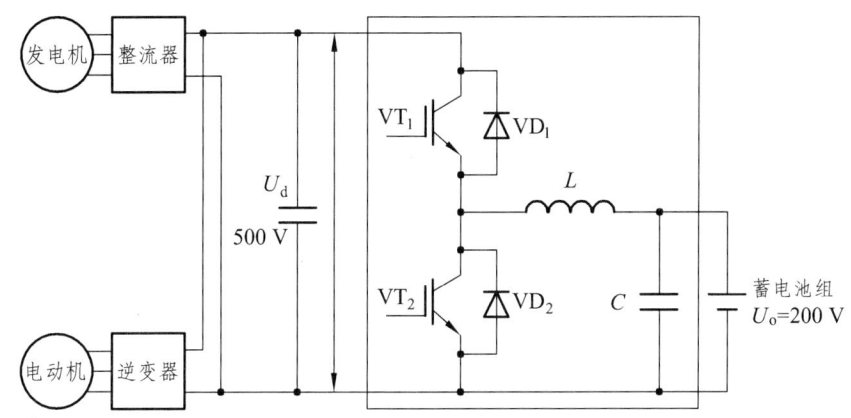

图 3-10 一种混合动力的电动汽车的直流斩波电路

3.3.2 四象限直流斩波器

问题与思考：实际应用的直流电机有正、反两个旋转方向，二象限斩波器实质上控制电机单向加速和减速旋转，对于反向旋转应该如何控制呢？

四象限直流斩波器工作在四个象限，相当于两个对称互补的二象限斩波器的组合。电路的工作原理图如图 3-11 所示，其中 L、E 代表直流电机的电感和反电动势。如果 VT_4 被置于通态，VT_3 被置于断态；则 VT_1、VD_1、VT_2、VD_2 就构成输出电压大于 0，输出电流可正、可负的第一、第二两象限斩波器。如果 VT_2 被置于通态、VT_1 被置于断态，则 VT_3、VD_3、VT_4、VD_4 就构成了另一个两象限斩波器，这时 E 应反向，输出电压小于 0，而输出电流可正、可负的第三、第四象限两象限斩波器。

在由 4 个全控开关器件 VT_1、VT_2、VT_3、VT_4 构成的直流斩波器中，对 4 个开关器件进行适当的控制，可以实现四象限的直流斩波，使直流电机可以工作在四个象限区域。其输出电压、电流的平均值大小和方向可控，能够实现对电机的转速、电磁转矩的方向和大小的调控。

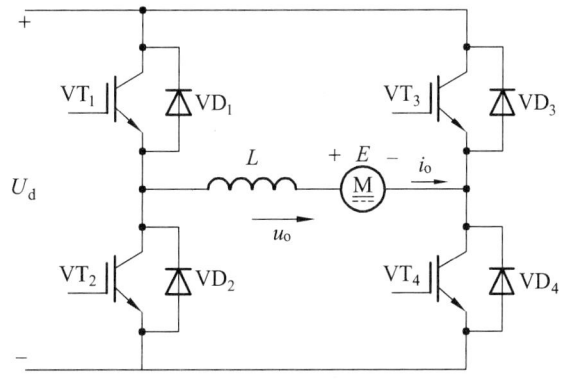

图 3-11 四象限直流斩波电路工作原理示意图

本章小结

（1）直流斩波电路的功能是将一个恒定的直流电压变换成另一种固定或大小可调的直流电压。

（2）基本原理：通过周期性地快速开通、关断负载电路，从而将直流电"斩"成一系列的脉冲电压，改变这个脉冲电压的开通、关断时间比，就可以方便地调整输出电压的平均值。

（3）占空比：$\alpha = \dfrac{t_{on}}{T}$

（4）斩波电路三种电压控制方式：定频调宽控制（PWM）、定宽调频控制（PFM）和调频调宽混合控制。

（5）降压斩波电路的输出电压等于或小于输入电压，并且可调。

输出电压：$U_O = \dfrac{t_{on}}{t_{on}+t_{off}} U_d = \dfrac{t_{on}}{T} U_d = \alpha U_d$

（6）升压斩波电路的输出电压等于或大于输入电压，并且可调。

输出电压：$U_o = \dfrac{1}{1-\alpha} U_d$

（7）Cuk 斩波电路是一种升降压式斩波电路。

输出电压：$U_O = \dfrac{\alpha}{1-\alpha} U_d$

（8）以直流斩波电路的输出电流 i_O 为横坐标，输出电压 u_O 为纵坐标，降压斩波电路和升压斩波电路为第一象限斩波器。

（9）桥臂式二象限直流斩波器工作在第一、二象限或第三、四象限，适用于直流电机牵引和制动时感应电动势 E（电压大小也为 E，从"＋"指向"－"）方向都不变的工况或蓄电池负载。

（10）四象限直流斩波器工作在四个象限，相当于两个对称互补的两象限斩波器的组合。对 4 个开关器件进行适当的控制，可以实现四象限的直流斩波，使直流电机可以工作在四个象限区域。其输出电压、电流的平均值大小和方向可控，能够实现对电机的转速、电磁转矩的方向和大小的调控。

复习思考题 >>>

1. 简述直流斩波电路的基本原理。
2. 什么是占空比？直流斩波电路有哪些电压控制方式？
3. 斩波器一般由哪些类型的电力电子器件构成？为什么？
4. 分析图 3-3 所示的降压斩波电路工作过程。
5. 在图 3-3 所示的降压斩波电路中，已知 $E=200\ \text{V}$，$R=20\ \Omega$，L 值极大，$E_M=30\ \text{V}$，$T=50\ \mu s$，$t_{on}=20\ \mu s$，计算输出电压平均值 U_O，输出电流平均值 I_O。
6. 分析图 3-5（c）所示的升压斩波电路工作过程。

7. 在图 3-5（c）所示的升压斩波电路中，已知 $E=50$ V，L 值和 C 值极大，$R=10$ Ω，采用脉宽调制控制方式，当 $T=40$ μs，$t_{on}=25$ μs 时，计算输出电压平均值 U_O，输出电流平均值 I_O。

8. 分析图 3-7（a）所示的 Cuk 直流斩波电路工作过程。

9. 二象限直流斩波电路中，如何控制 IGBT 使其工作在两个象限？

10. 在四象直流限斩波器中，如何控制 IGBT 使其工作在四个象限？

11. 图 3-10 为一种电动汽车的变压系统，当蓄电池给直流环节供电驱动电机时，如何控制开关管？

章末练习题 >>>

一、单选题

1. 斩波电路有三种电压控制方式，PWM 是（　　）的简称。
   A. 定频调宽控制　　　　　B. 定宽调频控制　　　　　C. 调频调宽混合控制

2. 在直-直斩波电路中，将开通时间与工作周期之比定义为（　　），用 $α$ 表示。
   A. 导通比　　　　　　　B. 占空比　　　　　　　C. 占时比

3. 在升压斩波电路中，控制占空比 $α$ 增加时，输出电压（　　）。
   A. 增加　　　　　　　　B. 减小　　　　　　　　C. 不变

4. Cuk 直流斩波电路是（　　）。
   A. 升压斩波电路　　　　B. 降压斩波电路　　　　C. 升降压斩波电路

5. 降压斩波电路中，已知 $U_d=200$ V，$R=10$ Ω，L 值极大，$E_M=30$ V，$T=50$ μs，$t_{on}=20$ μs，计算输出电压平均值 $U_O=$（　　）输出电流平均值 $I_O=$（　　）。
   A. 100 V，10 A　　　　B. 80 V，5 A　　　　C. 50 V，3 A

6. 升压斩波电路中，已知 $E=50$ V，L 值和 C 值极大，$R=20$ Ω，采用脉宽调制控制方式，当 $T=40$ μs，$t_{on}=20$ μs 时，计算输出电压平均值 $U_O=$（　　），输出电流平均值 $I_O=$（　　）。
   A. 10 V，0.5 A　　　　B. 20 V，1 A　　　　C. 100 V，5 A

7. 二象限直流斩波器中，VT_2、VD_1 始终关断，VT_1、VD_2 交替开通，即封锁 VT_2 的触发驱动脉冲，开关器件 VT_1 和续流二极管 VD_2 构成了降压斩波器，工作在第（　　）象限，将电源的功率传给电机。适当地控制 VT_1 占空比，可使电机在电动机运行状态下工作。
   A. 一　　　　B. 二　　　　C. 三　　　　D. 四

8. 当四象限斩波器控制的电机反转减速运行时（电机作发电机运行），此时四象限斩波器工作在第（　　）象限。
   A. 一　　　　B. 二　　　　C. 三　　　　D. 四

9. 当四象限斩波器工作在反转加速时，开关管的工作情况为（　　）。
   A. VT_2 通，VT_1、VT_4 断，控制 VT_3 的占空比
   B. VT_2 通，VT_1、VT_3 断，控制 VT_4 的占空比
   C. VT_1 通，VT_2、VT_4 断，控制 VT_3 的占空比
   D. VT_1 通，VT_2、VT_3 断，控制 VT_4 的占空比

二、填空题

1. 降压斩波电路中，VT 为_____，VD 为_____，L_d 为_____。
2. 升压式直流斩波电路中，VD 为_____。
3. 升压斩波电路之所以能使输出电压高于电源电压，一是 L 储能之后具有电压_____的作用，二是电容可使输出电压_____。电阻 R 电压、电流连续。
4. 升压斩波电路中，当载波开关 VT 开通时，电源向电感充电，隔离二极管_____，电容向电阻供电。
5. Cuk 直流斩波电路中，L_1 及 L_2 为_____电感，VD 是续流二极管，C 为_____的电容。
6. Cuk 直流斩波电路的特点是：输出及输入端的电流是_____的，而且脉动很小；输出直流电压平稳，降低了对外部滤波器的要求。
7. 二象限直流斩波器，VT_2、VD_1 始终关断，VT_1、VD_2 交替开通，即封锁 VT_2 的触发驱动脉冲，开关器件 VT_1 和续流二极管 VD_2 构成了降压斩波器，工作在第_____象限，将电源的功率传给电机。适当地控制 VT_1 占空比，可使电机在电动机运行状态下工作。

三、判断题

1. 直-直斩波电路输出电压只能比输入电压低。（　　）
2. 斩波电路定频调宽控制方式的特点是斩波器的基本频率不变，因此滤除高次谐波的滤波器设计比较简单。（　　）
3. 直流斩波电路的基本原理是周期性地接通、关断负载电路，从而将直流电"斩"成一系列的脉冲电压，改变这个脉冲电压的开通、关断时间比，就可以方便地调整输出电压的平均值。（　　）
4. Cuk 直流斩波电路为升降压斩波电路，当占空比 $\alpha > 0.5$ 时，为升压斩波电路。（　　）

第4章 直-交逆变电路

第4章课件

通过第 3 章的学习可知，把电压恒定的直流电变换成输出电压可调的直流电即为斩波电路。而把直流电变换为交流电的电路称为逆变电路，逆变电路输出电压不仅可以调节，还可以调节交流电的频率，即为变压变频电源。日常生活和实际工业生产中，许多设备都需要变压变频的交流电源。但正常生活供电和工业供电供给的往往是定压定频的正弦交流电或蓄电池供给的直流电，需要把定压定频的交流电或直流电转换成电压可调、频率可调的交流电。例如：

（1）在交-直-交型传动的内燃机车、电力机车和动车组当中，整流器将变压器副边输入的交流电转换成电压在一定范围的直流电供给主电路的中间环节，通过逆变器作用；输出电压、频率均可调的三相交流电供给三相电机，驱动电力机车的运行，并且可以实现再生制动。

（2）在直-交传动的电动汽车中，通过逆变器作用，把动力电池组提供的直流电变换为输出电压、频率均可调的三相交流电供给驱动电机，控制汽车的运行，而且也可以实现再生制动。

本章主要介绍逆变的概念、分类，探索逆变器的组成、基本原理，详细分析了电压型单相半桥逆变器、单相全桥逆变器、三相逆变器的电路结构、工作原理、特点，以及简要介绍了电流型三相桥式逆变器。由于逆变器输出的电压波形为矩形波或阶梯波，为了降低谐波影响，还介绍了 PWM 控制技术。

4.1 概　述

4.1.1 逆变的分类

把直流电能变换成交流电能的过程称为逆变。逆变又分为有源逆变和无源逆变。有源逆变是将交流侧接到电网上，把能量反馈到电网中去。无源逆变是把直流电能变换成交流电能，再向无源负载供电，将电能变为机械能或热能等其他形式。二者的根本区别在于，交流侧是否与交流电源连接。

无源逆变电路称为逆变电路，简称逆变器，包括变压变频电源（VVVF）和恒压恒频电源（CVCF）。VVVF 电源是输出电压和频率都可调的交流变压变频电压，广泛应用在交流调速系统中，机车和动车组的电机逆变器都是 VVVF 逆变器；而 CVCF 逆变器输出电压和频率都恒定的恒压恒频电源。机车和动车组的辅助变流器多采用 CVCF 电源，如 CRH1、CRH2、

CRH5 动车组；也有的采用 VVVF 和 CVCF 相结合的方式，如 CRH3 动车组和 HXD3 电力机车等。

逆变经常与变频的概念联系在一起。变频电路（也称变流器）分为交-交变频和交-直-交变频两种。交-直-交变频先将工频交流电通过整流器变换成直流环节，再通过逆变器变换成输出电压和频率可控的交流电，电路由交-直变换和直-交变换两部分组成。交-直-交变频具有如下优点：采用适当的 PWM 技术，逆变器输出的正弦基波比重较大，影响电动机运行的低次谐波受到很大限制，转矩脉动小；能量可以双向流动，可实现牵引或再生制动及电阻制动；功率因数可接近于 ±1，并且采用 PWM 脉冲整流器可以实现直流环节升压，提高逆变器输出电压的基波幅值和电动机的转矩，随着整流器和逆变器采用先进的 IGBT 元件，开关频率的提高，变频器的效率进一步提高；通过 PWM 控制方法，容易实现三相异步电动机所要求的恒转矩控制或恒磁通控制特性。

交-交变频虽然省去了中间直流环节，但有着控制电路复杂、成本高、技术不成熟等缺点，目前机车和动车组均不采用这种变频器，这里不再赘述。

4.1.2 逆变器的组成

逆变器的电路通常至少由如下 3 个部分组成：① 主电路，包括电力电子器件、缓冲电路、构成电路的导线及相关控制电器；② 电力电子器件的门极控制与驱动电路；③ 控制电路，实现逆变器的调压、调频或稳压及通信等功能，通常由微处理器、模拟电子电路及数字电子电路等组成。

4.1.3 逆变器的分类

逆变器的类型很多，根据不同分类方法有如下几种。

（1）根据逆变器直流环节的性质，可分为电压型逆变器和电流型逆变器。如图 4-1 所示。

① 电压型逆变器采用大电容 C_d 作为储能和滤波元件的逆变器，C_d 的存在是为了保证直流环节电压稳定，因此也称为支撑电容，直流环节相当于电压源。

② 电流型逆变器采用大电感 L_d 作为储能和滤波元件，L_d 设置为了使直流环节电流保持恒定，直流环节相当于电流源。

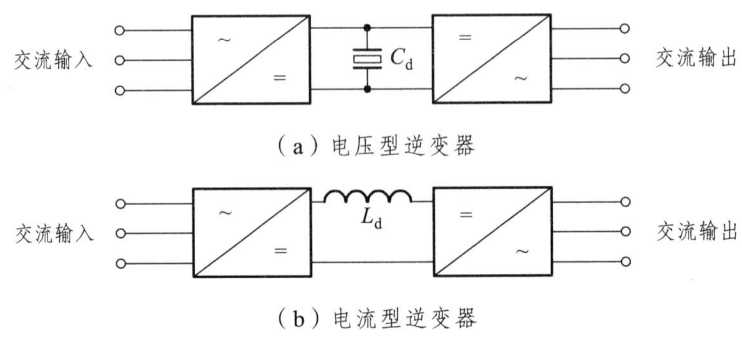

（a）电压型逆变器

（b）电流型逆变器

图 4-1 逆变器按直流环节性质分类

（2）根据逆变器主电路结构不同可分为单相逆变器、三相逆变器；半桥逆变器、全桥逆变器；二电平逆变器、三电平逆变器、多电平逆变器等。

（3）逆变器按所用电力电子器件可分为半控型和全控型。

（4）按换流方式不同可分为器件换流、电网换流、负载换流和强迫换流 4 种。

（5）按元器件导通角度可分为 180° 导通型和 120° 导通型 2 种。

（6）当逆变器向负载供电时，其输出的电压（电流）和频率往往是根据负载的控制要求而变化的，所以根据逆变器的电压和频率的控制方法的不同可分为以下 3 种：

① 脉冲宽度调制（PWM），用此方法的逆变器称为 PWM 逆变器，目前应用最广泛。

② 脉冲幅值调制（PAM），用此方法的逆变器称为 PAM 逆变器。

③ 方波逆变器或阶梯波逆变器，这是最基本、控制最简单的逆变器。

4.1.4 无源逆变的基本原理

问题与思考： 逆变电路能够把直流电变换成交流电，需要怎样设计电路才能完成这样的变换呢？

观察斩波电路的波形图 4-2（a），输出电压为脉冲，只有正半周，没有负半周。如果占空比 $\alpha = 0.5$，补齐负半周，且正负半周面积相等，这样的波形即为矩形波交流电，如图 4-2（b）。

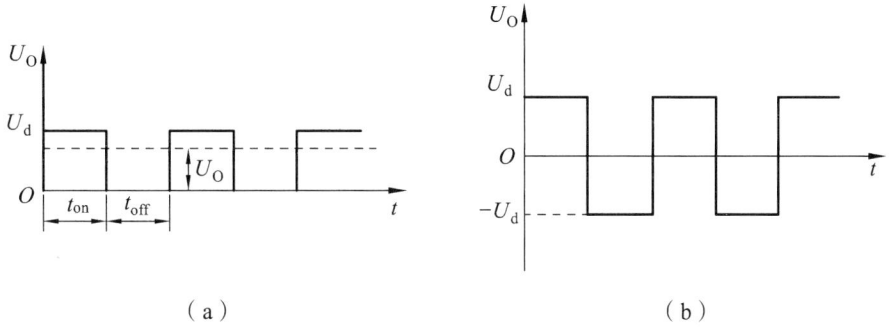

（a） （b）

图 4-2 电路波形

把斩波电路的基本原理图变形成图 4-3（a）所示，其负载输出电压波形只有正半周，想要补齐负半周，电路变成图 4-3（b）所示，增加开关 S_2、S_4、S_3，当 S_1、S_4 断开、S_2、S_3 闭合时，输出负半周。

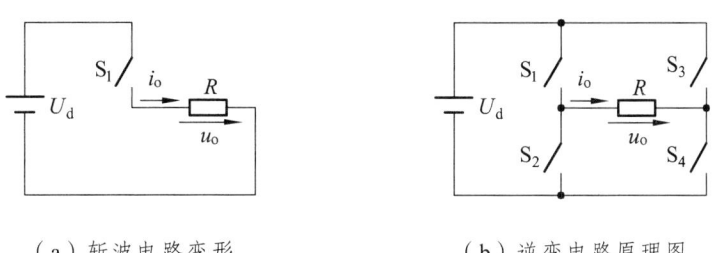

（a）斩波电路变形　　　　　　（b）逆变电路原理图

图 4-3 逆变电路分析过程

经分析基本的单相桥式无源逆变电路原理图如图4-4（a）所示，图中U_d为直流电源电压，R为逆变电路输出负载，$S_1 \sim S_4$为四个高速开关。该电路有两种工作状态：

（1）S_1、S_4闭合，S_2、S_3断开，加在负载R上的电压左正右负，输出电压$u_o = U_d$。

（2）S_2、S_3闭合，S_1、S_4断开，加在负载R上的电压左负右正，输出电压$u_o = -U_d$。

当以频率f交替切换S_1、S_4和S_2、S_3时，负载获得交变电压，其波形如图4-4（b）所示。切换周期$T = 1/f$，这样，就将直流电压U_d变换成交流电压u_o。开关$S_1 \sim S_4$是由电力电子器件构成的电子开关，通常用全控型器件IGBT。

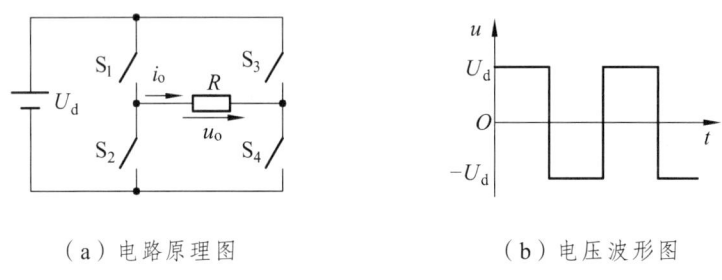

（a）电路原理图　　　　　　　　（b）电压波形图

图4-4　单相桥式逆变电路工作原理

4.2　电压型逆变器

电压型逆变电路的电源为电压源，一般采取在直流侧并联大电容的方法获得恒压源，工作时直流侧电压基本无脉动，其输出电压为矩形波，当交流侧为感性负载时，电容还起缓冲无功能量的作用。本节主要介绍电压型单相全桥逆变器和电压型三相桥式逆变器。

4.2.1　电压型单相全桥逆变器

1．电路结构

问题与思考：我们学习了逆变电路的基本原理，实际使用逆变器电路结构怎样，工作过程如何呢？

实际的电压型单相全桥逆变电路基本结构如图4-5（a）所示，它有4个桥臂，把桥臂VT_1和VT_4作为一对，桥臂VT_2和VT_3作为一对，成对的两只桥臂同时导通，两对桥臂各导通180°，大电容C为恒压源，保持输入端电压恒定，二极管为续流二极管，其输出电压如图4-5（b）所示，当负载为纯电阻时，电压和电流同步，而且电阻只能消耗电能而不能储存和释放电能，二极管不起续流作用，负载电流波形如图4-5（c）所示。在实际应用中，通常主要接交流电机这种感性负载，由于感性负载的电压电流波形不同步，负载电流波形如图4-5（d）所示，下面分析单相全桥逆变电路在感性负载时的工作过程。

第 4 章 直-交逆变电路

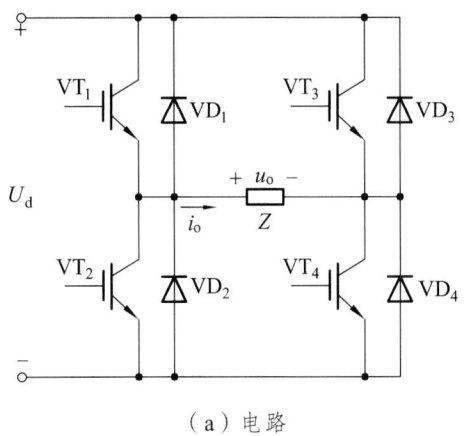

（a）电路

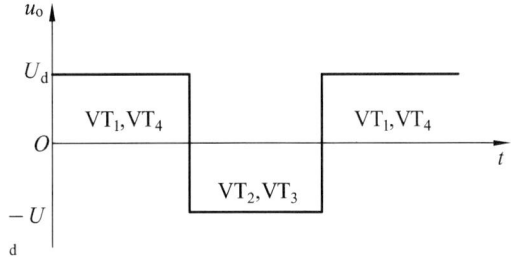

（b）负载电压波形

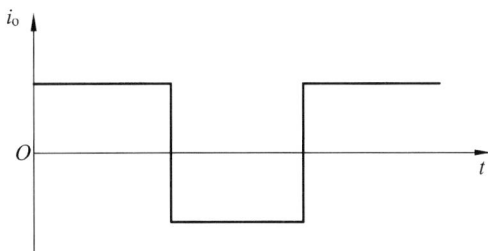

（c）电阻负载电流波形

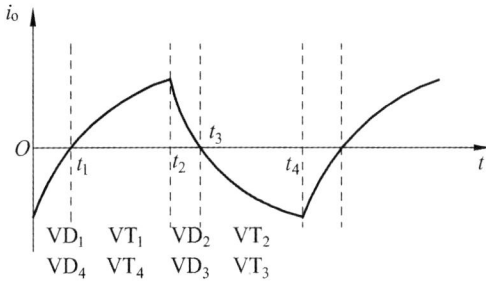

（d）感性负载电流波形

图 4-5 电压型单相全桥逆变电路及其工作波形

2．工作过程分析

观察图 4-5（d）电流波形，为了分析方便，从 t_1 时刻开始分析。

t_1 时刻，负载电流为零，VT_1、VT_4 在正向电压作用下开始导通，负载电流正向增大，负载电压 $u_o = +U_d$。

$t_1 \sim t_2$ 区间，电流路径：$+ \to VT_1 \to Z \to VT_4 \to -$，电源向负载供给能量，一部分以磁场能存储于感性负载中，一部分转化为其他形式的能。

到 t_2 时刻，负载电流上升到正的最大值，此时关断 VT_1、VT_4，并驱动 VT_2、VT_3，这时，由于负载电流不能立即换向，负载电流经 VD_2、VD_3 续流，二极管称为续流二极管；负载电压 $u_o = -U_d$。

$t_2 \sim t_3$ 区间，电流路径：Z 右 $\to VD_3 \to +$ 极 $\to -$ 极 $\to VD_2 \to Z$ 左，负载向电源反馈能量，感性负载存储的磁场能转化为电能反馈给电源，此时以电场能形式存储在电容中；二极管 VD_2、VD_3 是负载向直流侧反馈能量的通道，也称为反馈二极管，电容起缓冲无功能量的作用。

t_3 时刻，负载电流下降到零，VD_2、VD_3 自然关断，VT_2、VT_3 开通，负载电流反向增大，此时，$u_o = -U_d$。

$t_3 \sim t_4$ 区间，电流路径：$+ \to VT_3 \to Z \to VT_2 \to -$，电源向负载供给能量。

到 t_4 时刻，负载电流上升到负的最大值。

同理，可以讨论 $t_0 \sim t_1$ 区间，$t = 0$ 时刻以前，VT_2、VT_3 导通，VT_1、VT_4 关断，电源电压反向加在负载上，$u_o = -U_d$。

在 $t = 0$，负载电流上升到负的最大值，此时关断 VT_2、VT_3，同时驱动 VT_1、VT_4，由于感性负载电流不能立即改变方向，负载电流经 VD_1、VD_4 续流，二极管因此称为续流二极管；由于 VD_1、VD_4 导通，VT_1、VT_4 受反压而不能开通。负载电压 $u_o = +U_d$。

$t_0 \sim t_1$ 区间，电流路径：Z 左 $\to VD_1 \to +$ 极 $\to -$ 极 $\to VD_4 \to Z$ 右

交流与讨论：感性负载时，二极管起续流作用，如果二极管烧断了，将会有什么后果呢？

3．数值关系

逆变器输出电压为矩形波（方波），可以看成是基波（正弦波）和多种频率的谐波（正弦波）复合而成，其中基波分量的有效值为

$$U_O = 0.9U_d \tag{4-1}$$

4.2.2 电压型三相桥式逆变器

问题与思考：电压型单相桥式逆变器能够把直流电逆变为单相交流电，而通常用的交流电机是三相电机，三相逆变器电路结构怎样？输出的三相交流电有什么特点呢？

单相桥式逆变器有 4 个桥臂，单相负载接在两个桥臂之间，三相逆变器需要 3 个单相逆变器吗？应该怎样设计呢？

1．电路结构

电压型三相桥式逆变电路如图 4-6 所示。电路由三个半桥组成，开关管采用全控型器件 IGBT，VD1～VD6 为续流二极管。这是最基本的逆变电路，通常大、中功率的应用要求采用三相逆变电路。

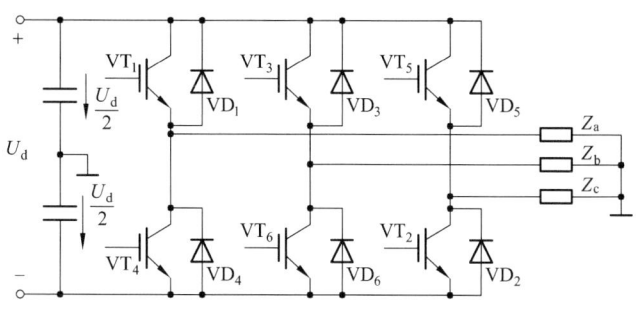

图 4-6 三相电压型桥式逆变电路

问题与思考：三相电压型桥式逆变器电路中有 6 个开关管，如何控制开关管使其输出三相对称交流电？

2．工作原理分析

根据各开关管导通时间长短，该电路可分为 180°导电型和 120°导电型，其中常用 180°导电型。下面以 180°导电型进行分析。

在 180°导电型中，每个开关管的驱动信号持续 180°，同一相上下两个开关管交替导通，在任何时刻都有三个开关管导通。在一个周期内，6 个管子触发导通的次序为 $VT_1 \sim VT_6$，依次相隔 60°，导通的组合顺序为 VT_1、VT_2、VT_3，VT_2、VT_3、VT_4，VT_3、VT_4、VT_5，VT_4、VT_5、VT_6，VT_5、VT_6、VT_1，VT_6、VT_1、VT_2，每种组合工作 60°电角度。

180°导电型三相桥式逆变电路的工作波形如图 4-7 所示。为分析方便，将一个工作周期分为 6 个区间，每个区间占 60°，每隔 60°的各阶段等值电路图形及相电压、线电压的数值如表 4-1 所示。表中，负载为三相星形对称负载：

$$Z_a = Z_b = Z_c$$

下面以 $0 \sim \pi/3$ 为例加以分析。

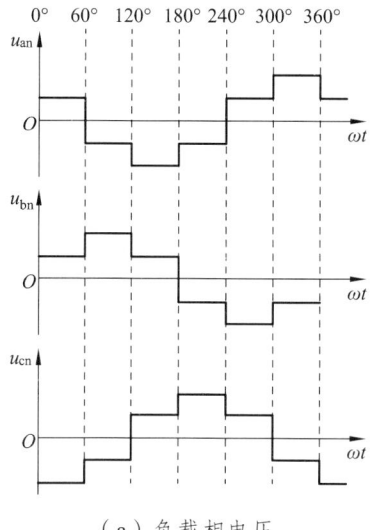

（a）负载相电压

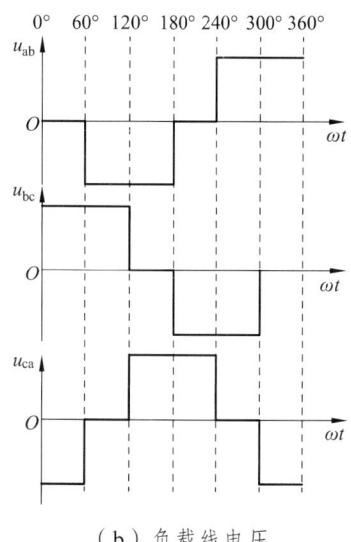

（b）负载线电压

图 4-7　180°导电型三相桥式逆变电路的工作波形

表 4-1　180° 导通型三相桥式逆变电路各阶段等效电路及相电压和线电压的值

ωt		$0° \sim 60°$	$60° \sim 120°$	$120° \sim 180°$	$180° \sim 240°$	$240° \sim 300°$	$300° \sim 360°$
导通开关管		VT_1、VT_2、VT_3	VT_2、VT_3、VT_4	VT_3、VT_4、VT_5	VT_4、VT_5、VT_6	VT_5、VT_6、VT_1	VT_6、VT_1、VT_2
负载等效电路		$Z_a \parallel Z_b$，Z_c	Z_b，$Z_a \parallel Z_c$	$Z_b \parallel Z_c$，Z_a	Z_c，$Z_a \parallel Z_b$	$Z_a \parallel Z_c$，Z_b	Z_a，$Z_b \parallel Z_c$
相电压	u_{an}	$U_d/3$	$-U_d/3$	$-2U_d/3$	$-U_d/3$	$U_d/3$	$2U_d/3$
	u_{bn}	$U_d/3$	$2U_d/3$	$U_d/3$	$-U_d/3$	$-2U_d/3$	$-U_d/3$
	u_{cn}	$-2U_d/3$	$-U_d/3$	$U_d/3$	$2U_d/3$	$U_d/3$	$-U_d/3$
线电压	u_{ab}	0	$-U_d$	$-U_d$	0	U_d	U_d
	u_{bc}	U_d	U_d	0	$-U_d$	$-U_d$	0
	u_{ca}	$-U_d$	0	U_d	U_d	0	$-U_d$

在 $0 \sim \pi/3$ 时，VT_1、VT_2、VT_3 同时导通，a 相和 b 相负载 Z_a、Z_b 与电源正极连接，c 相负载 Z_c 与电源负极连接。若取负载中心点 n 为基准点，则输出线电压为

$$\begin{cases} u_{ab} = 0 \\ u_{bc} = U_d \\ u_{ca} = -U_d \end{cases} \tag{4-2}$$

式中，U_d 为逆变器输入侧直流电压。输出相电压为

$$\begin{cases} u_{an} = \dfrac{1}{3}U_d \\ u_{bn} = \dfrac{1}{3}U_d \\ u_{cn} = -\dfrac{2}{3}U_d \end{cases} \tag{4-3}$$

用同样方法，可以推得其余 5 个工作区间的相电压与线电压值。

从图 4-7 的波形可看出，负载线电压为 120° 正负对称的矩形波，而负载相电压为 180° 正负对称的阶梯波，所以输出电压又称为 6 拍阶梯波，与正弦波接近，三相负载电压相位差为 120°。

问题与思考：通过学习交流三相电机相关知识可知，变频调速可以实现电机无级平滑调速，改变相序可以实现电机的正反转，三相逆变器能够实现频率调节吗？能够实现相序调节吗？

改变逆变桥开关管的触发频率或者触发顺序，则能改变输出电压的频率及相序，从而实现电动机的变频调速与正反转。

交流与讨论：同一相上、下两桥臂能否同时开通？如果开通有什么后果呢？

对于 180° 导电型逆变电路，为了防止同一相上下桥臂同时导通而引起直流电源短路，要采取"先断后通"的方法。即先给应关断的器件关断信号，待其关断后留一定时间裕量，然后再给应导通的器件发开通信号，即在两者之间留一个短暂的死区时间。

3．数值关系

逆变器输出电压为六拍阶梯波，可以看成是基波（正弦波）和多种频率的谐波（正弦波）复合而成，其中基波分量的有效值为

$$U_O = 0.45 U_d \tag{4-4}$$

4.2.4　电压型逆变电路的特点

（1）直流侧接有大电容，相当于电压源，直流电压基本无脉动，直流回路呈现低阻抗。

（2）由于直流电压源的钳位作用，交流侧电压波形为矩形波（阶梯波），与负载阻抗角无关，而交流侧电流波形和相位因负载阻抗角的不同而异，其波形接近三角波或接近正弦波。

（3）当交流侧为电感性负载时需提供无功功率，直流侧电容起缓冲无功能量的作用。为了给交流侧向直流侧反馈能量提供通道，各逆变臂都并联了续流二极管。

（4）逆变电路从直流侧向交流侧传送的功率是脉动的，因直流电压无脉动，故功率的脉动是由直流电流的脉动来体现的。

（5）当用于交-直-交变频器中且负载为电动机时，如果电动机工作在再生制动状态，就必须向交流电电源反馈能量。因直流侧电压方向不能改变，所以只能改变直流电流的方向来实现，现在通常采用四象限脉冲整流器。

4.3　电流型三相桥式逆变器

图 4-8 为典型的电流型三相桥式逆变电路原理图，逆变电路的供电电源是电流源，图中的电感 L_d 很大，使电流 I_d 近似恒流；其负载采用星形接法；6 只 IGBT 器件 $VT_1 \sim VT_6$ 的驱动信号 u_G 彼此相差 60°。

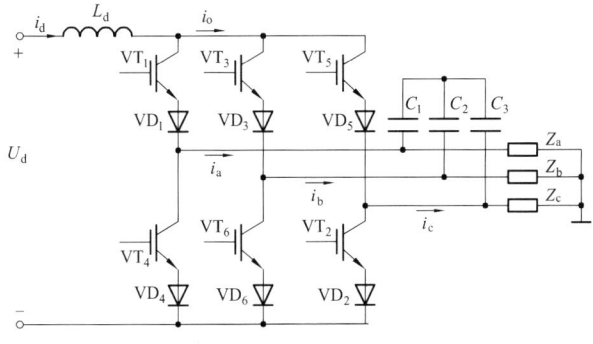

图 4-8　电流型三相桥式逆变电路

这种电路属于 120° 导电型，各 IGBT 器件在每个周期各导通 120°，如图 4-9 所示，在任何时刻只有两只 IGBT 导通。在 $0° \leqslant \omega t \leqslant 60°$。其间，$VT_6$、$VT_1$ 导通，此后按 $VT_1 \sim VT_6$ 顺序导通，则能获得图 4-9 所示线电流（i_a，i_b，i_c）波形。

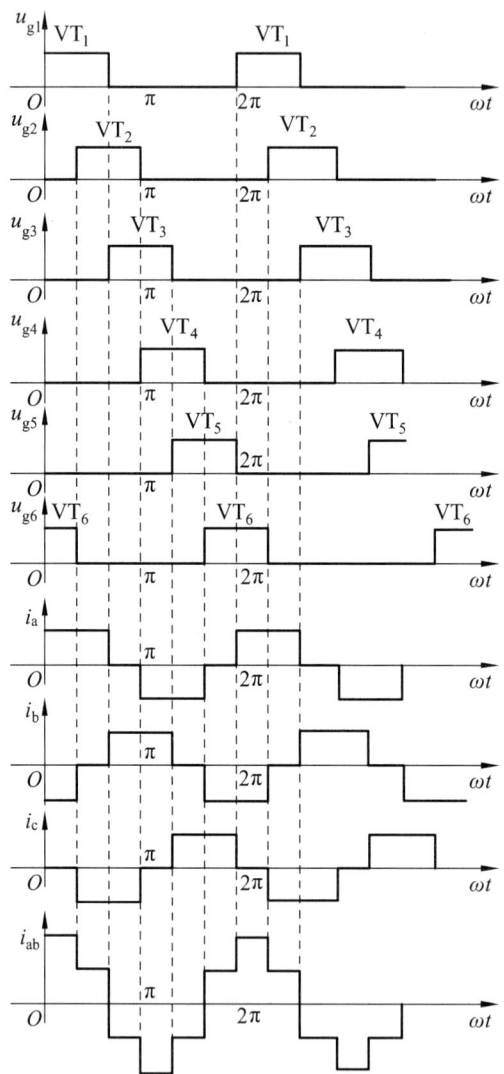

图 4-9　电流型三相逆变电路的驱动信号波形和输出电流波形

电流型三相桥式逆变电路的负载可以采用星形或三角形连接方式。当负载为星形接法时，已知三相电流 i_a、i_b、i_c 后，便可求得负载相电压，如 $u_{an} = Zi_a$，则线电压为

$$u_{ab} = u_{an} - u_{bn} = Z(i_a - i_b)$$

图 4-8 所示电路中只有当直流侧电感数值很大时才能构成一个电流源，使电源电流恒定；因此该电感的重量、体积都很大，这是电流型逆变电路使用不广泛的一个重要原因。

电流型逆变器的特点：

（1）直流侧串联有大电感，直流侧电流基本无脉动。由于大电感抑流作用，直流回路呈现高阻抗，短路的危险性也比电压型逆变电路小得多。

（2）电路中开关器件的作用仅是改变直流电流的流通路径，因此交流侧输出的电流为矩形波，与负载性质无关。而交流侧电压波形因负载阻抗角的不同而不同。

（3）直流侧电感起缓冲无功能量的作用，因电流不能反向，故不必给开关器件反并联二极管，电路相对电压型也较简单。

（4）当负载为电动机时，可很方便地实现再生制动。

4.4 脉宽调制控制电路

问题与思考：电压型三相逆变器输出相电压波形是阶梯波，线电压波形为矩形波，虽然通过改变开关管的触发频率和触发顺序就可以改变输出电压的频率和相序，可以控制交流电机的转速和正反转。但是交流电机需要的是三相正弦交流电，这样电机中才能形成圆形的旋转磁场，有利于电机的工作。那么，如何才能使逆变器输出三相对称的正弦交流电呢？

图 4-10 所示波形，正弦波的步骤不变，但幅值按正弦规律变化；电压型逆变器输出矩形波，电压幅值固定，通过控制开关时刻，从而可以控制输出波形的宽窄，控制逆变器开关管高速开通和关断，使其正半轴和负半轴电压脉冲序列的宽度按正弦规律变化。

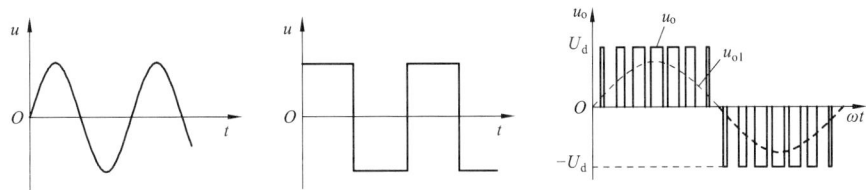

图 4-10 脉宽调制控制电路的驱动信号波形和输出电流波形

脉宽调制技术指利用全控电力电子器件的导通和关断把直流电压变成一定形状的电压脉冲序列，实现变压、变频（VVVF）控制并消除谐波的技术，简称 PWM 技术，如图 4-11 所示。

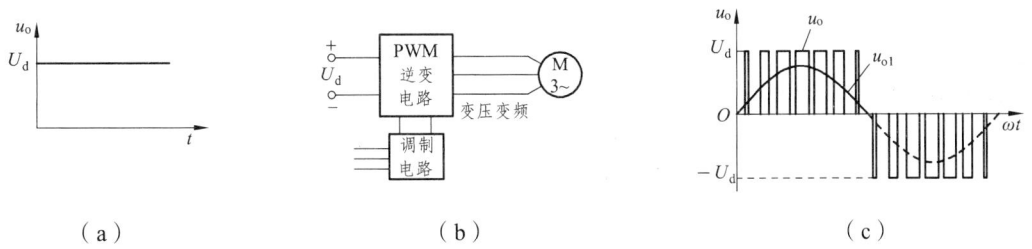

图 4-11 PWM 控制原理示意图

4.4.1 PWM 控制的基本原理

1. PWM 技术的基本原理

依据采样控制理论，冲量（脉冲面积）相等而形状不同的窄脉冲（如图 4-12 所示）加在具有惯性环节上时，其输出响应基本相同。就是说，如果它们的面积相等，则将它们分别加在相同的惯性环节上，如 RL 电路，则有相同的输出波形，称之为面积等效性原理。

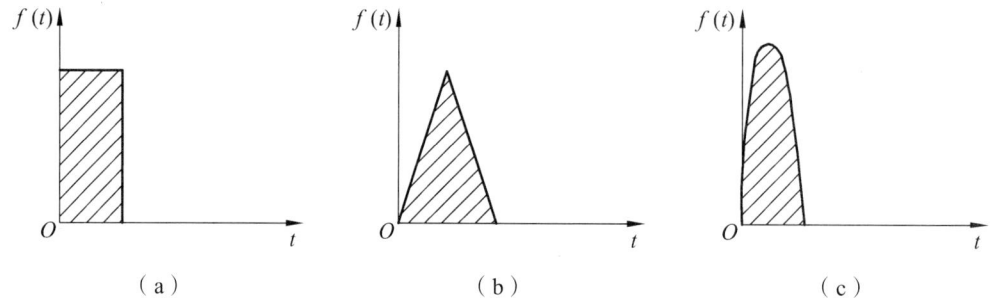

图 4-12 形状不同而冲量相同的各种窄脉冲

脉冲的宽度按正弦规律变化而和正弦波等效的 PWM 波形，称为 SPWM 波形，下面分析如何用一系列等幅不等宽的脉冲来替代一个正弦半波。

把图 4-13（a）的正弦半波分成 n 等分（$n=7$），就可以把正弦半波看成是由 n 个彼此相连的脉冲序列所组成的波形。这些脉冲宽度相等，都等于 π/n，但幅值不等，即脉冲顶部不是水平直线，而是正弦半波曲线。这个宽度相等、幅值不等的脉冲序列，要用数量相同的幅值相等（等幅），宽度不等的矩形脉冲序列替代，并使矩形脉冲序列的中点和正弦半波有序脉冲序列中点重合，对应的脉冲列的面积（冲量）相等，就得到 4-13（b）所示的有序矩形脉冲列，这便是 PWM 波形，这个 PWM 波形，是幅值相等、而宽度按正弦规律变化的矩形脉冲列。

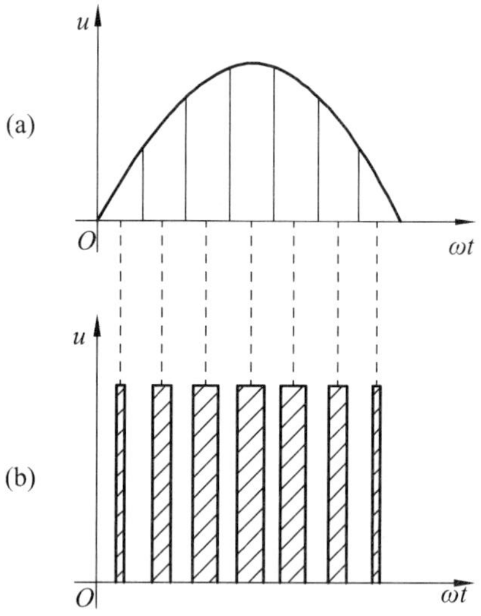

图 4-13 与正弦波（半波）等效的 SPWM 波

2. 正弦波脉宽调制原理

从图 4-13 分析可知，这个 PWM 波形，是等幅不等宽（中间宽，两边窄）的，即宽度按正弦规律变化的 n（$n=7$）个矩形有序脉冲列的面积，等于 n 个等宽不等幅（中间高、两边低）即幅值按正弦半波规律变化的相连脉冲列的面积。而 n 个相连有序脉冲面积又等于正弦半波的面积。依据面积等效原理，PWM 波形与正弦半波是等效的。对于正弦波的负半周，可以用同样的方法得到负半周的 PWM 波形。这样一个完整的正、负半周的正弦波就可以用 PWM 波形等效，如图 4-14 所示。

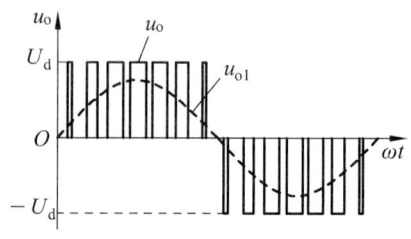

图 4-14 与正弦波（全波）等效的 SPWM 波

这种等幅不等宽（宽度按正弦波功率变化的）PWM 波形就称为正弦波脉宽调制（SPWM）。要改变正弦波的有效值，只要改变 PWM 有序等幅不等宽脉冲列的宽度即可。

SPWM 波形可以分为单极性和双极性两种类型：

（1）单极性：在正弦波任何半个周期内，波形始终为一个极性的 SPWM 波形。

（2）双极性：在正弦波任何半个周期内，波形始终有正负两种极性的 SPWM 波形。

4.4.2 调制法生成 SPWM 波形

问题与思考：PWM 波与正弦波等效，可以供交流电机使用，用什么样的方法能够生成呢？

生成 SPWM 波形的方法分为调制法和计算法。调制法是由模拟电子电路、数字电子电路或专用集成电路芯片等硬件实现；也可以用微处理器，通过软件生成 SPWM 波形。如 DSP 内部就有专用 PWM 模块，输出 6 路 PWM 波形。

计算法太繁琐，不实用，这里主要介绍用调制法生成 SPWM 波形。以所期望的波形（正弦波）作为调制波，以接受这个调制波的信号作为载波，利用二者的交点确定 SPWM 各段波形的宽度与间隔，就得到与正弦波等效面积的 PWM 波形。这种方法生成 SPWM 波形成为调制法生成 SPWM 波形。

1. 单极性 SPWM 波形生成

通常以正弦波为调制波，单极性等腰三角形为载波。因为等腰三角形上任何一点的水平宽度与高度呈线性关系，且左右对称，它与正半周正弦波曲线相交时，如果在两个交点间，调制波的值大于三角波的值，则比较器输出高电平；小于三角波值，则比较器输出零电平。它与负半周正弦波曲线相交时，如果在两个交点间，调制波的值小于三角波的值，则比较器输出低电平；大于三角波值时，则比较器输出零电平。单极性 SPWM 波形调制过程如图 4-15 所示。

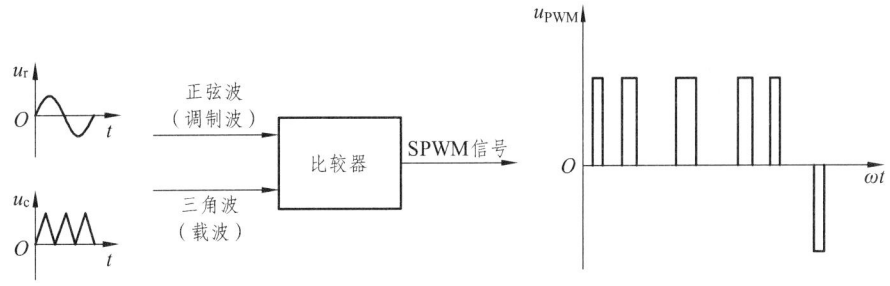

图 4-15 调制框图

调制波与载波相交，即功率器件的开通或关断控制时刻，就得到一系列有序的等幅、宽度按正弦波规律变化的 SPWM 波形。图 4-16 所示波形为单极性 SPWM 波形。

如图 4-17 所示，正弦调制信号幅值不同时，与三角形载波交点也不一致，可以看出正弦调制信号幅值高，输出 SPWM 波宽度增加。因此调制信号的幅值可以使输出脉冲宽度作相应的变化，这能改变逆变器输出电压的基波幅值，从而实现对输出电压的平滑调节；改变调制信号的频率则可以改变输出电压的频率，因此 SPWM 逆变器非常适用于交流变频调速系统。

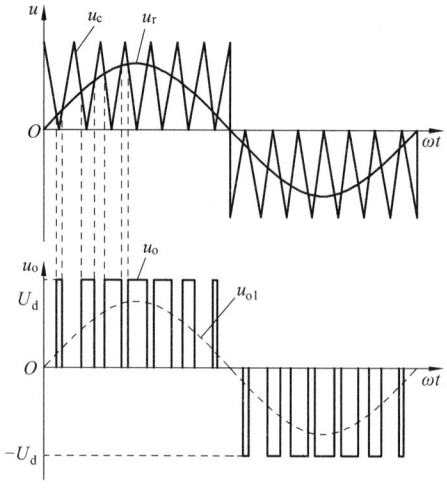

图 4-16 单极性 SPWM 波形

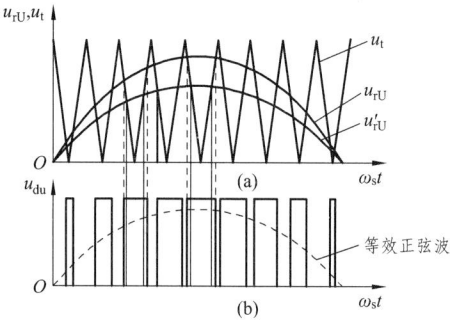

图 4-17 PWM 控制调压原理示意图

2. 双极性 SPWM 波形生成

双极性 SPWM 波是以正弦波为调制波，双极性三角波为载波。调制波和载波的两相邻交点区间内，若调制波的值大于三角波的值，比较器输出高电平；若调制波的值小于三角波的值，比较器输出低电平。双极性 SPWM 波形生成过程如图 4-18 所示。

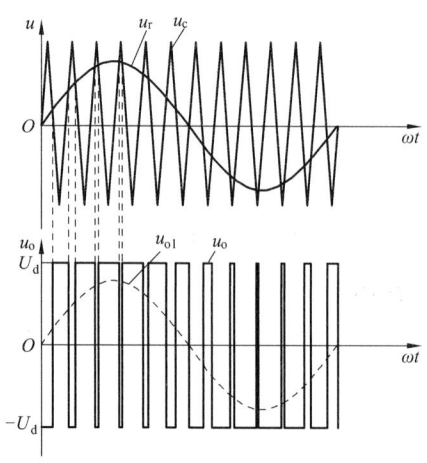

图 4-18 双极性 SPWM 波形

SPWM 波为正、负极性变化的，故称为双极性 SPWM。

3．双极性三相 SPWM 波形生成

三相 SPWM 波形生成，一般是共用一个三角波为载波，三相相位差为 120° 的正弦波为调制波，分别为 u_{ra}、u_{rb}、u_{rc}，如图 4-19 所示，三相双极性控制中，同一相上、下两个臂的驱动信号都是互补的。

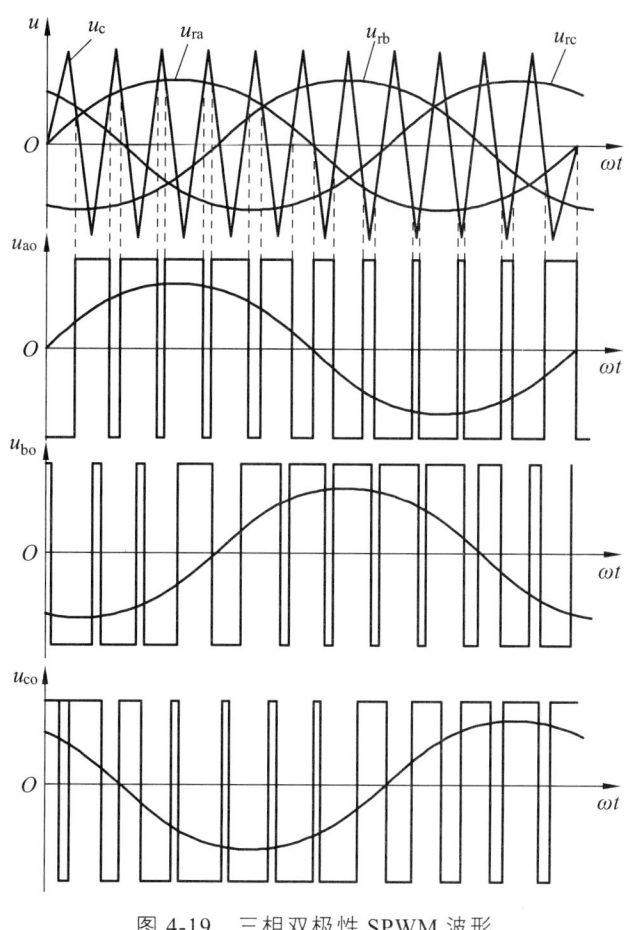

图 4-19 三相双极性 SPWM 波形

4．异步调制和同步调制

1）载波比的控制

在 SPWM 控制中，载波频率 f_c 与调制波的频率 f_r 之比定义为 N，即 $N = \dfrac{f_c}{f_r}$，$N \geqslant 9$，从 SPWM 原理可知，载波频率 f_c 越高，开通、关断的次数就越多，把期望的正弦调制波分段也就越多，SPWM 的基波也就越接近期望的正弦波。然而载波比不是越大越好，若 f_c 过大，T_s 过小，功率器件开通、关断将会失控。

2）同步调制和异步调制

依据载波比 N 是否恒值，分为同步调制、异步调制和分段同步调制。

（1）同步调制。载波比 N 为恒值，并使调制波的频率 f_r 与载波频率 f_c 保持同步变化的方式称为同步调制。由于载波比 N 不变，所以调制波半个周期内输出的脉冲数是固定的，脉冲相位也是固定的。为了使单相的正弦波正、负半周对称，载波比 N 应取为奇数。对于三相正弦调制波，采用一个三角波。为使三相变流装置输出波形严格对称还应取载波比 N 为 3 的整数倍，故通常取三角波载波频率 f_c 应比正弦调制波频率 f_r 达 9 倍以上，否则谐波的影响就大。同步调制适用于 SPWM 波高频控制。

（2）异步调制。载波比 $N = \dfrac{f_c}{f_r}$ 不为恒值，其中，正弦调制波频率 f_r 变化时，保持三角载波频率 f_c 固定不变。这样在调制波半个周期内，输出脉冲个数不固定，脉冲相位也不固定，正负半周期的脉冲不对称，同时，半周期内前后 1/4 周期的脉冲也不对称。当调制波频率较低时，载波比 N 较大，半周期内的脉冲数较多，正负半周期脉冲不对称和半周期内前后 1/4 周期脉冲不对称的影响较小，输出波形接近正弦波。当调制波频率 f_r 增大时，载波比就减小，半周期内的脉冲数减少，输出脉冲的不对称性影响变大，还会出现脉冲跳动。同时，变流装置输出波形和正弦波之间的差异也变大，输出特性变坏，三相输出的对称性也差，因此异步调制适用于低频控制。

（3）分段同步调制。是把调制波的频率划分若干个频率段，每个频率段内都保持载波比 N 恒定，不同频率段的载波比不同。在高频段差采用较低的载波比，以使载波频率不致过低，否则对负载工作产生不利影响。各频率段的载波比应取 3 的整数倍且为奇数。分段同步调制时，在不同的频率段内，载波频率的变化范围应保持一致，大约为 1.4～2 kHz 之间。图 4-20 给出了分段同步调制的载波比的例子。

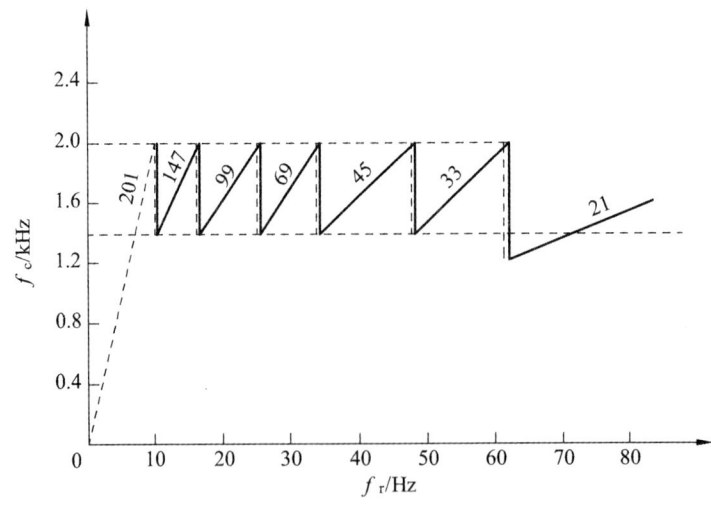

图 4-20 分段同步调制的例子

3）调制比的控制

在 SPWM 控制中，正弦调制波的幅值 u_{rm} 与三角载波的幅值 u_{cm} 之比，即调制比 $M = \dfrac{u_{rm}}{u_{cm}}$，$M < 1$。$M$ 的大小决定了 SPWM 控制的脉冲宽度，即功率器件导通时间越长，脉

冲越宽，变流装置输出正弦值越大。改变调制波幅值的大小，可以改变变流装置输出正弦值的大小。M 必须小于 1，因为若正弦波幅值接近三角载波幅值，在三角载波幅值附近的脉冲关断时间会很小，导致关断速度较慢的功率器件来不及关断，从而使相邻脉冲相连，失去控制，谐波大增。

4.4.3 由专用集成芯片构成的三相 SPWM 控制电路

实际应用中，三相 SPWM 控制是由专用的 SPWM 大规模单片集成电路完成的，如 SLE4520 是德国西门子公司生产的一种 CMOS 大规模集成电路，工作频率可高达 20 kH，通过内部的可编程分频器还能获得较低的开关频率，因此，也适用于 IGBT、GTR 等变频器。

SLE4520 是一个可编程器件，能把三个 8 位数字量同时转换为三路相应脉宽的矩形信号，与单片机及相应软件结合，能以很简单的方式产生三相逆变器所需的六路控制信号。SLE4520 为 28 端子双列直插式结构，其管脚排列如图 4-21 所示，各端子的名称及功能说明如表 4-2 所示。

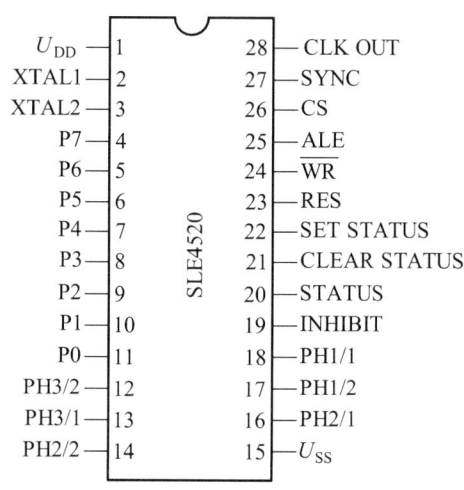

图 4-21 SLE4520 管脚排列及功能

表 4-2 SLE4520 管脚名称与功能

端子	名称	功能
1	电源正 U_{DD}	
15	电源负 U_{SS}	
2	XTAL$_1$	外接晶振，为 SLE4520 提供时钟信号(12 MHz)
3	XTAL$_2$	
28	CLKOUT	晶振频率输出，为单片机提供同步时钟信号，接单片机时钟信号输入端
4～11	$P_7 \sim P_0$	八位数据输入端，与写信号配合将单片机输出指令或数据送入 SLE4520 内部的寄存器

续表

端子	名称	功能
24	$\overline{WR}$	写信号输入端，低电平有效，与单片机的读信号相连
25	ALE	地址锁存允许输出端，与写信号一起决定 SIE4520 内部的 3 个八位数据寄存器，与 2 个四位控制寄存器依据程序中设定的地址信号进行选择，接于单片机的 ALE 端
18	PH1/1	接功率开关器件 VT_1 的驱动电路输入
17	PH1/2	接功率开关器件 VT_4 的驱动电路输入
16	PH2/1	接功率开关器件 VT_3 的驱动电路输入
14	PH2/2	接功率开关器件 VT_6 的驱动电路输入
13	PH3/1	接功率开关器件 VT_5 的驱动电路输入
12	PH3/2	接功率开关器件 VT_2 的驱动电路输入
20	STATUS	通断状态触发器输出端，标志 SLE4520 工作于输出状态还是封锁输出状态，常用于 SLE4520 工作状态显示
26	CS	选通输入端。高电平有效，接单片机系统的译码电路输出端
19	INHIBIT	封锁脉冲端，该端高电平时 SLE4520 的输出被封锁，应用于过载、短路等故障保护
21	CLEARSTATUS	通断状态触发器复位输入端
22	SET STATUS	通断状态触发器置位输入端
23	RES	复位端
27	SYNC	控制信号端

工作原理：当 STATUS 和 INHIBIT 信号无效、$\overline{WR}$ 信号为有效低电平时，单片机输出的地址数据经数据总线 $P_0 \sim P_7$ 写入 SLE4520 内部的地址译码寄存器。接着单片机输出对应 SPWM 脉冲宽度的数据给 U、V、W 相的八位数据寄存器。当 ALE$(1+x)^n = 1 + \dfrac{nx}{1!} + \dfrac{n(n-1)x^2}{2!} +$ …且 $\overline{WR}$ 有效时，再使 U、V、W 相中的某个八位寄存器将对应 SPWM 脉宽数据装入对应的可预置计数器。根据用户给定的分频系数，时钟脉冲用可编程分频器分频后，作为可预置八位计数器的计数脉冲，在单片机控制信号 SYNC 的控制下，计数器进行递减计数，由零检测器控制计数值是否到零，并且输出对应于该相八位给定数据大小的 SPWM 脉宽信号。进而经互锁时间生成及输出寄存器根据死区寄存器设置的互锁时间间隔后，输出该相主开关元件的 SPWM 脉冲控制信号。在实际应用的初始化设置中，INHIBIT 端应置高电平（置 1），使 6 路输出脉冲全被封锁，SLE4520 的 SPWM 信号有效电平为低电平，可提供最大 20 mA 的电流。

本章小结

（1）逆变分为有源逆变和无源逆变。

（2）无源逆变电路简称逆变器，包括变压变频电源（VVVF）和恒压恒频电源（CVCV）。

（3）逆变器的组成：主电路、驱动电路和控制电路。

（4）逆变器的分类，根据直流环节的性质分：电压型逆变器和电流型逆变器；根据相数分：单相逆变器、三相逆变器；根据结构分：半桥逆变器、全桥逆变器；根据器件导通角分：120°导通型和180°导通性逆变器；根据输出电压和频率的控制方法分：脉冲宽度逆变器、脉冲幅值逆变器和方波逆变器。

（5）无源逆变的原理：交替切换电路中的电子开关，负载就可以获得矩形波的交流电。

（6）全桥逆变器有四个桥臂，桥臂为全控器件和二极管反并联，直流侧有一个大电容，负载接在四个桥臂之间。负载电压波形为矩形波，电压幅值和直流电源电压相等。基波电压分量的有效值为直流侧电压的 0.9 倍。感性负载时电流波形近似为三角波。二极管为感性负载提供续流的通道，称为续流二极管。电容起电压滤波、稳压作用，以及缓冲起无功能量的作用。

（7）电压型三相桥式逆变器中 6 个开关管触发导通的次序为 1~6，间隔 60°，输出相电压为 180°对称的阶梯波，且三相对称。输出线电压为 120°对称的矩形波，也三相对称。改变逆变器开关管的触发频率或顺序，则能改变输出电压的频率及相序，就能实现电动机的变频调速和正反转。输出相电压基波分量有效值为直流侧电压的 0.45 倍。

（8）电流型三相桥式逆变器中间直流电路串联大电感，电流恒定，输出相电流 120°对称的矩形波，线电流为 180°堆成的阶梯波。

（9）脉宽调制技术指利用全控电力电子器件的导通和关断把直流电压变成一定形状的电压脉冲序列，实现变压、变频（VVVF）控制并消除谐波的技术，简称 PWM 技术。基本原理为面积等效性原理。

（10）脉冲的宽度按正弦规律变化而和正弦波等效的 PWM 波形，称为 SPWM 波形，分为单极性和双极性两种类型。

（11）以所期望的波形（正弦波）作为调制波，以接受这个调制波的信号作为载波，利用二者的交点确定 SPWM 各段波形的宽度与间隔，就得到与正弦波等效面积的 PWM 波形。这种方法生成 SPWM 波形成为调制法生成 SPWM 波形。

（12）根据载波比的不同分为同步调制和异步调制。现实中常应用分段同步调制。

（13）实际应用中，三相 SPWM 控制是由专用的 SPWM 大规模单片集成电路完成的。

复习思考题 >>>

1. 什么是逆变？逆变分为哪两种？二者有何区别？
2. 交-直-交变频具有哪些优点？
3. 通常逆变器由哪几部分组成？
4. 电压型逆变器和电流型逆变器有何区别？

5. 根据逆变器的电压和频率的控制方法不同可分哪几种类型？
6. 画出电压型单相全桥逆变器的电路，说明各元器件的作用，画出输出电压的波形。
7. 画出电压型三相逆变器的电路，说明各元器件的作用。
8. 电压型三相桥式逆变器的开关管如何控制？
9. 三相桥式逆变器如何实现电机调速与正反转控制的？
10. 电压型三相桥式逆变器输出的相电压和线电压是什么波形？有何特点？
11. 简述电压型逆变电路的特点。
12. 简述电流型逆变电路的特点。
13. 什么是脉宽调制技术？
14. 简述面积等效性原理的内容。
15. 单极性 SPWM 波和双极性 SPWM 波有何区别？
16. 为什么说 SPWM 逆变器非常适用于交流变压变频调速系统？
17. 什么是异步调制？什么是同步调制？各适用于什么频段？
18. 调制法如何生成 SPWM 波？
19. SLE4520 专用集成芯片各个管脚的功能是什么？

 章末练习题 >>>

一、选择题

1. 下列哪一项不是逆变器的组成部分（　　）。
    A. 主电路，包括电力电子器件、缓冲电路、构成电路的导线及相关控制电器。
    B. 电力电子器件的门极控制与驱动电路。
    C. 控制电路，实现逆变器的调压、调频或稳压及通信等功能，通常由微处理器、模拟电子电路及数字电子电路等组成。
    D. 变压器电压变换电路。
2. 如图 4-22 所示逆变器的电路原理图，当开关（　　）闭合时，其他开关断开，电路输出为负压。

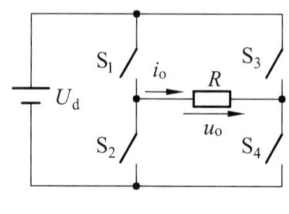

图 4-22　题 2 图

    A. S_2、S_3　　　　B. S_1、S_4　　　　C. S_1、S_2　　　　D. S_3、S_4
3. PWM 逆变器是根据（　　）的逆变器。
    A. 逆变器直流环节的性质分类
    B. 元器件导通角度不同分类

C. 逆变器输出电压和频率的控制方法的不同分类

4. 电压型单相全桥逆变器，感性负载时，当关断 VT_1、VT_4，并驱动 VT_2、VT_3，由于负载电流不能立即换向，负载电流经（　　）续流并与电容进行无功能量交换。

   A. VT_1、VD_4 B. VT_2、VT_4 C. VT_2、VT_3

5. 图 4-23 中哪个波形为 SPWM 波形（　　）。

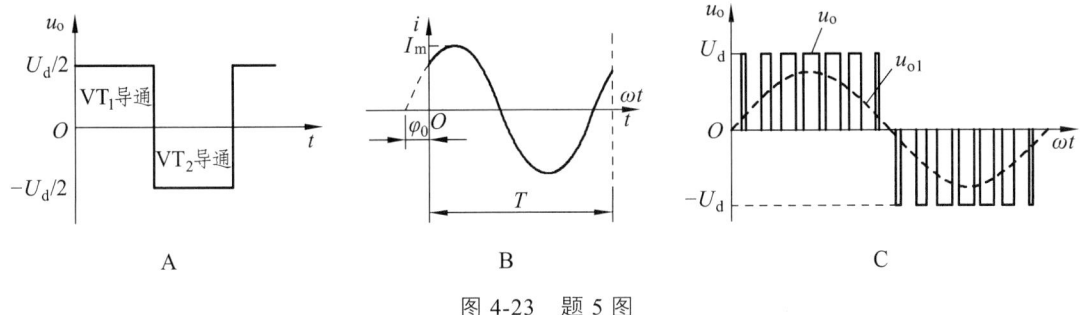

图 4-23　题 5 图

6. 图 4-24 所示为（　　）的比例图。

   A. 同步调制   B. 异步调制   C. 分段同步调制

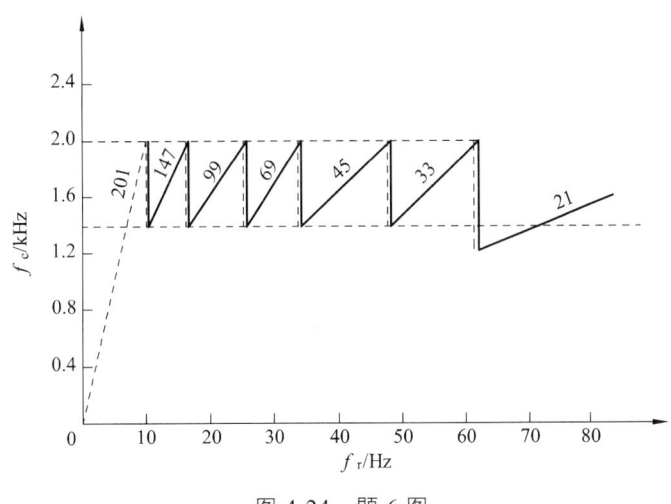

图 4-24　题 6 图

7. 专用集成芯片 SLE4520 共有 28 个管脚，（　　）管脚连接功率开关驱动电路输入。

   A. 4~11 管脚   B. 12~14、16~18 管脚

   C. 19 管脚

8. 专用集成芯片 SLE4520 共有 28 个管脚，19 管脚的功能是（　　）。

   A. 接功率开关器件 VT4 的驱动电路输入

   B. 八位数据输入端，与写信号配合将单片机输出指令或数据送入 SLE4520 内部的寄存器

   C. 封锁脉冲端，该端高电平时 SLE4520 的输出被封锁，应用于过载、短路等故障

9. 使正弦波与 SPWM 波等效，依据的原理是（　　）。

   A. 叠加原理   B. 面积等效性原理   C. 测不准原理

10. 图 4-25 中（　　）是双极性 SPWM 波形。

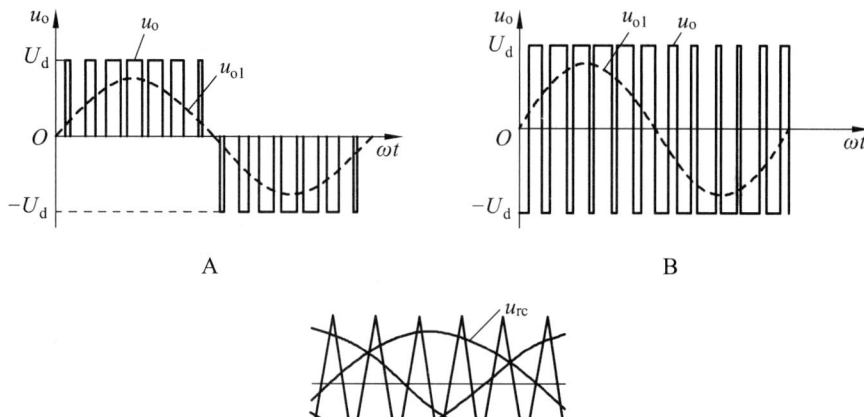

图 4-25　题 10 图

二、填空题

1. VVVF 逆变器是_____电源；CVCF 逆变器是_____电源。

2. PAM 是_____调制；PWM 是_____调制。

3. 交-直-交变频器，通过 PWM 控制方法，容易实现三相异步电动机所要求的_____控制或恒磁通控制特性。

4. 电压型单相全桥逆变器输出电压为矩形波（方波），可以看成是基波（正弦波）和多种频率的谐波（正弦波）复合而成，其中基波分量的有效值为：$U_O = \underline{\qquad} U_d$。

5. 电压型三相桥式逆变器输出相电压为 6 拍阶梯波，可以看成是基波（正弦波）和多种频率的谐波（正弦波）复合而成，其中基波分量的有效值为：$U_O = \underline{\qquad} U_d$。

6. 电压型逆变器直流侧接有大电容，相当于_____，直流电压基本无脉动，直流回路呈现低阻抗。

7. 电压型逆变器中的直流电压源的_____作用，交流侧电压波形为矩形波（阶梯波），与负载阻抗角无关，而交流侧电流波形和相位因负载阻抗角的不同而异，其波形接近三角波或接近正弦波。

8. 电压型逆变器中交流侧为电感性负载时需提供无功功率，直流侧电容起缓冲的作用。为了给交流侧向直流侧反馈能量提供通道，各逆变臂都并联了_____二极管。

9. 脉宽调制技术指利用全控电力电子器件的导通和关断把直流电压变成一定形状的电压_____，实现变压、变频控制并消除_____的技术，简称 PWM 技术。

10. 调制法生成 SPWM 波形中，调制波与载波的_____时刻，作为功率器件的开通、关断控制时刻，就得到一系列有序的等幅、宽度按规律变化的 SPWM 波形。

11. SLE4520 的 SPWM 信号有效电平为_____电平，最大可提供 20 mA 的电流。

12. 调制信号的_____可以使输出脉冲宽度作相应的变化，这能改变逆变器输出电压的基波幅值，从而实现对输出电压的平滑调节；改变调制信号的_____则可以改变输出电压的频率，因此 SPWM 逆变器非常适用于交流调速系统。

三、判断题

1. 交-直-交变频，先将工频交流电通过整流器变换成直流，再通过逆变器变换成输出电压和频率可控的交流电，电路由交-直变换和直-交变换两部分组成。（   ）

2. 电压型逆变器采用小电容作 C_d 为储能和滤波元件的逆变器，C_d 的存在是为了保证直流环节电压稳定，因此也称为支撑电容，直流环节相当于电压源。（   ）

3. 电流型逆变器采用大电感 L_d 作为储能和滤波元件，设置 L_d 是为了使直流环节电流保持恒定，直流环节相当于电流源。（   ）

4. 方波逆变器或阶梯波逆变器是根据逆变器输出电压和频率的控制方法不同分类的逆变器，这是最基本、控制最简单的逆变器。（   ）

5. 同步调制适用于 SPWM 波高频控制。（   ）

6. 异步调制适用于 SPWM 波低频控制。（   ）

7. 正弦调制波的幅值与三角形载波的幅值之比调制比，用 M 表示，通常 $M>1$。（   ）

8. 载波频率与调制波的频率之比用 N 表示，称为载波比。（   ）

9. 载波比 N 为恒值，并使调制波的频率 f_r 与载波频率 f_c 保持同步变化的方式称为异步调制。（   ）

四、综合题

1. 如图 4-26 所示为电压型三相桥式逆变器，回答下列问题：

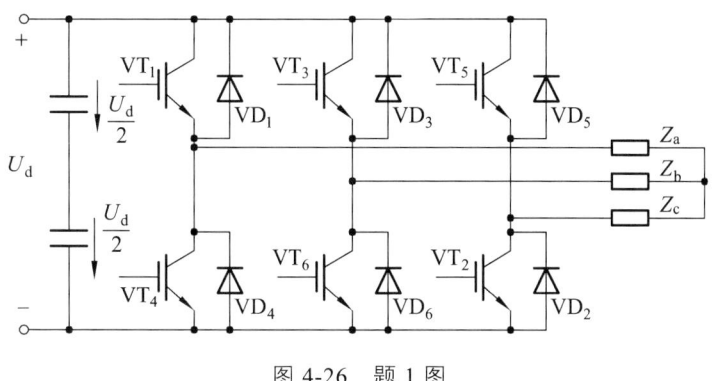

图 4-26 题 1 图

（1）电路中 VT 为开关管，VD 称为_____二极管或_____二极管，三相负载做连接。

（2）逆变器输入直流电，输出为交流电，负载线电压波形为_____，而相电压波形为 6 拍_____，与正弦波接近，三相负载的线位差为_____。采用脉宽调制技术（PWM），可使输出电压波形等效为_____波。

（3）改变逆变桥开关管的_____或_____，则能改变输出电压的频率和相序，从而可实现电动机的变频调速和正反转。

（4）对于 180°导电型逆变电路，为了防止同一相上下桥臂同时导通而引起直流电源短路，要采取"_____"的方法。

（5）写出开关元件的控制规律。

（6）当 VT_1、VT_2、VT_3 开通时，做出此时的等效电路。

2. 结合异步牵引电机的原理和逆变器的控制，说明机车换向过程。

3. 结合异步牵引电机的原理和逆变器的控制，说明机车调速过程。

第 5 章 交-直相控整流电路

第 5 章课件

在电工电子技术中学习了整流电路，把交流电变换为定值电压的直流电。在日常生活和实际工业生产中，许多设备需要的电源为电压可调的直流电源，但供电形式多采用交流供电。这样就需要一种能将交流电转换为可调直流电的电路，这种电路称为相控整流电路。在内燃机车、电力机车和动车组当中，整流电路都是其主电路和辅助电路的重要组成部分。在交-直型传动的电力机车中，整流器将变压器副边输入的交流电转换为电压可调的直流电，控制电力机车的运行。

常用的相控整流电路的形式很多，可大致分类如下：

（1）按电路控制方式可分为半控、全控电路。

（2）按电路接线形式可分为半波、全波电路。

（3）按交流输入相数分为单相、三相和多相电路。

要完整的描述一种相控整流电路的具体形式，通常要说明器件的类型、交流输入相数等，如单相可控整流电路、三相桥式可控电路等。

本章介绍最常用的相控整流电路，分析其电路组成、基本工作原理、数量关系以及负载性质对整流电路的影响。

5.1 单相半波可控整流电路

单相可控整流电路的交流侧接单相电源，几种典型的可控整流电路为单相半波可控整流电路、单相桥式全控整流电路和机车上广泛应用的单相桥式半控整流电路。在整流电路应用中，整流电路的负载有电阻、阻感及反电动势等，负载性质不同对整流电路的要求和影响也不同。本节主要介绍单相半波可控整流电路的工作原理、定量计算以及不同负载对电路的影响。

5.1.1 单相半波可控整流电路（电阻性负载）

电灯、电炉等为阻性负载。电阻负载的特点是负载上的电压、电流同相位，波形相同，而且电阻只能消耗电能而不能储存和释放电能。在电路的分析中，纯电阻负载的电路是最基础、最简单的电路形式。

观察与思考：图 5-1 所示为半波整流电路及波形图，输出电压为正弦交流电的一半波形，波形一定，输出电压平均值也为定值，$U_O = 0.9U_2$，怎样才能调节输出电压的大小？

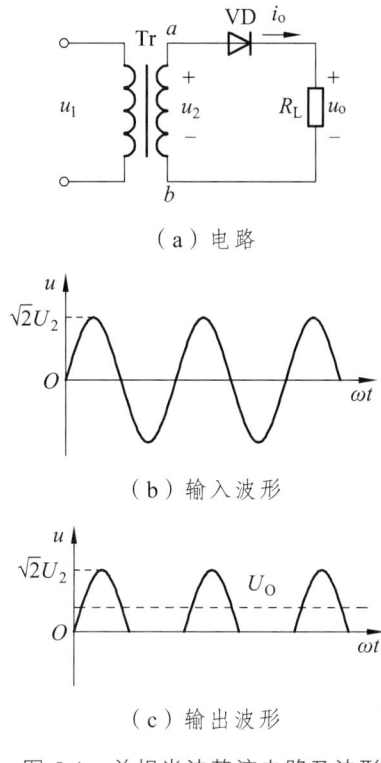

(a) 电路

(b) 输入波形

(c) 输出波形

图 5-1 单相半波整流电路及波形

要想调节输出电压的大小，应该改变输出电压波形，如果把二极管换成可控器件晶闸管，这时，输出电压的波形应该是什么样的？怎样调节输出电压波形？

1. 电路结构

图 5-2（a）所示为单相半波可控整流电路，变压器 T 起变换电压和隔离的作用，使整流电路输入输出电压间获得合理的匹配，提高整流电路的性能指标。变压器一次侧和二次侧电压的有效值分别用 U_1 和 U_2 表示，瞬时值分别用 u_1 和 u_2 表示，晶闸管 VT 为整流器件，R 为负载电阻。

2. 工作过程分析

假设晶闸管 VT（开关器件）为理想器件，即 VT 开通时其管压降等于零，VT 阻断时其漏电流等于零，一般认为 VT 的开通与关断过程瞬时完成。设 $u_1 = \sqrt{2}U_1 \sin\omega t$，$u_2 = \sqrt{2}U_2 \sin\omega t$。

（1）$\omega t = 0 \sim \omega t_1$，VT 承受正向电压，但由于没有触发脉冲作用，VT 仍然处于关断状态。此时负载 R 上没有电流流过，$i_d = 0$。电压全部施加到 VT 的两端，$u_d = 0$，$u_{VT} = u_2$。

（2）$\omega t = \omega t_1$ 时刻，VT 阳极承受正向电压，门极加触发信号，晶闸管立即被触发导通，负载有电流通过，$u_d = u_2$，$u_T = 0$。

（3）$\omega t = \omega t_1 \sim \pi$，VT 继续导通，晶闸管 VT 承受正向电压，此时有无触发脉冲作用，晶闸管 VT 导通。此时负载 R 上有电流通过，$i_d = u_2/R$。电压全部施加到电阻负载 R 两端，$u_d = u_2$，$u_{VT} = 0$。

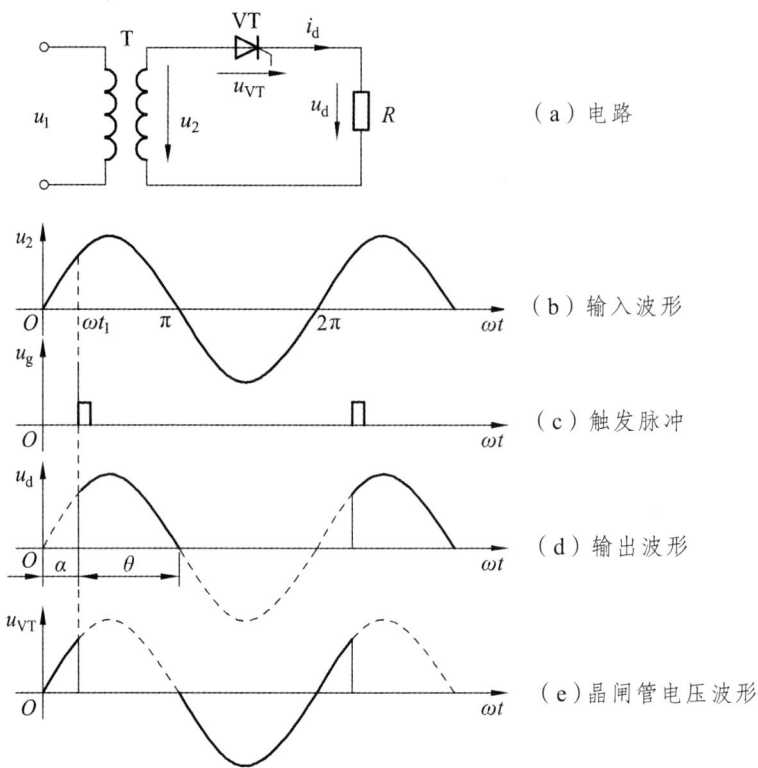

图 5-2 单相半波可控桥式整流电路及波形缺 f 图

（4）$\omega t = \pi$ 时刻，电源电压 u_2 过零由正变负，VT 阳极承受反向电压而关断，$u_d = 0$，$u_T = u_2$；

（5）$\omega t = \pi \sim 2\pi$，VT 阳极承受反向而关断，$u_d = 0$，$u_T = u_2$。

以上为晶闸管一个周期的工作运行状态，整个工作过程不断循环进行。

u_d 极性不变、幅值脉动、正半周出现称之为单相半波整流电路。

由于是电阻性负载，流过负载的电流和其两端电压符合欧姆定律，i_d 的波形与 u_d 波形形状相似，都为极性不变但幅值是脉动变化的直流量，且波形只在正半周内出现，故称为单相半波可控整流电路。

由图 5-2（b）（c）（d）（e）（f）所示波形可见：整流输出电压的波形形状与晶闸管门极加触发信号的时间有关，将晶闸管开始承受正向电压到触发脉冲出现之间的电角度称为控制角（触发角或移相角），用 α 表示，在整流电路中改变 α 的大小，即可改变触发信号出现的相位，称为移相。通过移相可以控制输出电压的大小，因此把这种通过改变控制角来调节控制直流输出电压大小的方式称为移相控制或相位控制，简称相控。控制角从 0 到最大角度的区间称为移相范围。晶闸管在一个周期内导通的电角度称为导通角，用 θ 表示，在单相半波电路中与的关系为

$$\theta = 180° - \alpha \tag{5-1}$$

3．基本数量关系

直流输出电压平均值：

$$U_d = 0.45U_2\left(\frac{1+\cos\alpha}{2}\right) \tag{5-2}$$

负载电流平均值：

$$I_d = \frac{U_d}{R} = 0.45\frac{U_2}{R}\left(\frac{1+\cos\alpha}{2}\right) \tag{5-3}$$

晶闸管电流平均值：

$$I_{dT} = I_d = \frac{U_d}{R} \tag{5-4}$$

【例 5-1】 单相半波可控整流电路，电阻性负载，不经整流变压器直接与 220 V 交流电源相接，要求输出的直流平均电压为 85 V，最大输出直流平均电流为 20 A，求此电路中的 α、R、I_{dT}、导通角 θ。

解：① 已知 $U_d = 85\text{ V}$，根据公式 $U_d = 0.45U_2\dfrac{1+\cos\alpha}{2}$

$$\cos\alpha = \frac{2U_d}{0.45U_2} - 1 = \frac{2\times 85}{0.45\times 220} - 1 = 0.717 \quad \alpha = 45°$$

② 已知 $U_d = 85\text{ V}$，$I_d = 20\text{ A}$，可计算负载电阻

$$R = \frac{U_d}{I_d} = 85/20 = 4.25\ (\Omega)$$

③ 流过晶闸管的电流有平均值

$$I_{dT} = I_d = 20\ (A)$$

④ 导通角

$$\theta = \pi - \alpha = 180° - 44° = 136°$$

5.1.2 单相半波可控整流电路（阻-感性负载）

1. 电路结构

当负载的感抗（ωL）与电阻相比不可忽略时称为感性负载，例如各种电机的励磁绕组、电磁铁线圈等。电路如图 5-3（a）所示。

电感存在对电路的影响：对电流变化起阻碍作用，流过电感器件的电流不能突变，当电感中电流增加时，电感产生自感电势阻止电流增加，而当电感中电流减小时，自感电势又将阻止电流的减小。因此电感是储能元件，又是滤波元件，它能使负载电流平滑。

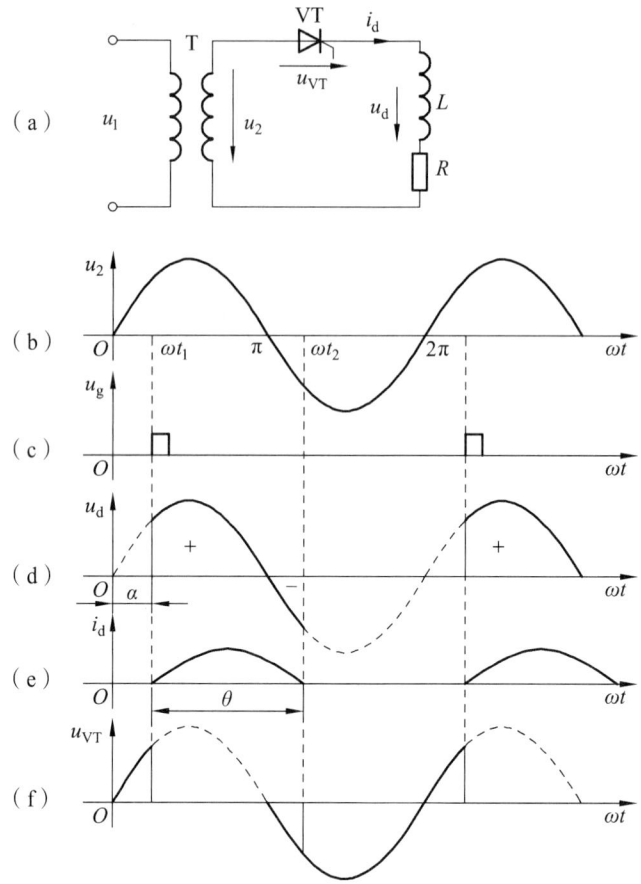

图 5-3 单相半波可控整流电路电感性负载的电路及波形

问题与思考：电感对电路有影响，那输出电压波形有无变化？输出电流波形有无变化？

2．工作过程分析

结合图 5-3 所示（b）（c）（d）（e）（f）波形图分析工作原理如下：

（1）当 $0 \leqslant \omega t < \omega t_1$ 时，晶闸管 VT 承受正向电压，但由于没有触发脉冲作用，晶闸管 VT 仍然处于关断状态。此时负载上没有电流流过，$i_d = 0$。电压全部施加到晶闸管 VT 的两端，$u_d = 0$，$u_{VT} = u_2$。

（2）当 $\omega t_1 \leqslant \omega t < \pi$ 时，晶闸管 VT 承受正向电压，此时有触发脉冲作用，晶闸管 VT 导通。电源电压 u_2 加到负载上，输出电压 $u_d = u_2$，$u_{VT} = 0$。由于电感的存在，在 u_d 的作用下，负载电流 i_d 只能从零逐渐上升，直至最大值。在此过程中，电感产生的感应电势试图阻止电感电流的增大，交流电源一方面供给电阻消耗的能量，另一方面供给电感吸收的磁场能量。随着电压值从最高电压下降的过程中，负载电流从最大值开始下降，电感电压改变方向，电感释放能量，以维持电流不变。

（3）当 $\pi \leqslant \omega t < \alpha + \theta$ 时，交流电压 u_2 方向改变，但由于电感电压存在，晶闸管仍正向导通。电源电压 u_2 加到负载上，输出电压 $u_d = u_2$，$u_{VT} = 0$。此时电感存储的能量一部分消耗在电阻上，另一方面供给变压器二次绕组吸收的能量。

（4）当 $\alpha+\theta \leq \omega t < 2\pi$ 时，至 ωt_2 时刻电感的储能全部释放完后，晶闸管在反向交流电压 u_2 的作用下变为截止状态，电源电压 u_2 加到晶闸管 VT 上，输出电压 $u_d = 0$，$u_{VT} = u_2$。

当 R 为一定值，L 越大，u_2 进入负半周后电感维持晶闸管导通的时间就越长，u_d 波形中负面积就越大，U_d 值也就越低，当 $\omega L \gg R$ 时，u_d 波形中的负面积接近正面积，$U_d \approx 0$。

5.1.3 单相半波可控整流电路（阻–感性负载加续流二极管）

观察与思考：单相半波整流电路中，阻感负载时，输出电压既有正半周，还有负半周。负半周的出现，对感性负载的工作有不良影响，怎样可以消除负半周呢？

1. 电路结构

为解决大电感负载整流电路正常工作时出现负电压的问题，在整流电路的负载两端反向并联一个二极管，称为续流二极管，用 VD 表示。电路如图 5-4（a）所示。

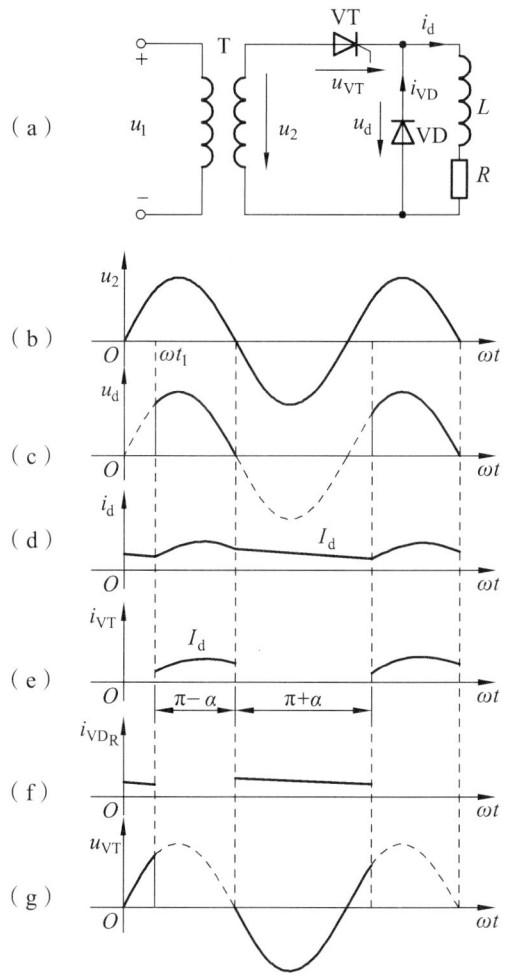

图 5-4 单相半波带阻感负载有续流二极管的电路及波形

2. 工作过程

结合图 5-4 所示（b）(c)(d)(e)(f)(g) 波形图分析工作原理如下：

（1）u_2 正半周时，与没有续流二极管 VD 时的情况是一样的。

电流路径：+→VT→L→R→−，VD 截止。

（2）当 u_2 过零变负时，电感 L 的感应电动势可经 VD 使负载电流继续流通（不再经变压器）。如果忽略二极管的正向压降，则此时 u_d 为零，u_d 中不再出现负压。此时为负的 u_2 通过 VD 向 VT 施加反压使其关断，此过程通常称为续流。若 L 足够大，i_d 连续，且 i_d 波形接近一条水平线。

电流路径：L→R→VD→L（上端），VD 续流。

3. 基本数量关系（大电感负载）

输出电压平均值：

$$U_d = 0.45 \frac{1+\cos\alpha}{2} \tag{5-5}$$

输出电流平均值：

$$I_d = \frac{U_d}{R} = 0.45 \frac{U_2}{R} \cdot \frac{1+\cos\alpha}{2} \tag{5-6}$$

晶闸管的电流平均值：

$$I_{dT} = \frac{\pi-\alpha}{2\pi} I_d \tag{5-7}$$

续流二极管的电流平均值：

$$I_{dD} = \frac{\pi+\alpha}{2\pi} I_d \tag{5-8}$$

晶闸管和续流二极管承受的最大正反向电压均为电源电压的峰值：

$$U_{TM} = \sqrt{2} U_2 \tag{5-9}$$

单相半控整流电路的特点是简单、输出脉动大，变压器二次绕组中含有直流分量，造成变压器铁芯直流磁化。实际上很少应用此种电路。分析该电路主要目的在于利用简单易学特点，建立可控整流电路基本概念。

【例 5-2】 具有续流二极管的单相半波可控整流电路对大电感负载供电，负载中电阻 $R=10\,\Omega$，电源电压 220 V。计算控制角在 $\alpha=60°$ 时，负载平均电压和平均电流值，晶闸管和续流二极管的平均值。

解： 当 $\alpha=60°$ 时

输出电压平均值：

$$U_d = 0.45U_2 \frac{1+\cos\alpha}{2} = 0.45 \times 220 \times \frac{1+\cos 60°}{2} = 74.3 \text{ V}$$

输出电流平均值：

$$I_d = \frac{U_d}{R} = \frac{74.3}{10} = 7.4 \text{ A}$$

晶闸管的电流平均值：

$$I_{dT} = \frac{\pi-\alpha}{2\pi} = \frac{180°-60°}{360°} \times 7.4 = 2.5 \text{ A}$$

续流二极管的电流平均值：

$$I_{dD} = \frac{\pi+\alpha}{2\pi} I_d = \frac{180°+60°}{360°} \times 7.4 = 4.9 \text{ A}$$

5.2 单相桥式可控整流电路

5.2.1 单相桥式全控整流电路（电阻性负载）

问题与思考：半波可控整流电路只有正半周或负半周的波形可以利用，特点是简单、输出脉动大，变压器二次绕组中含有直流分量，造成变压器铁心直流磁化。为了解决这些问题，常用的直流电路为全波整流，全波整流电路的结构怎样？输出波形有何特点？

1．电路结构

由于单相半波可控整流电路具有明显的缺点，为了更好地满足负载的要求，多采用桥式可控整流电路。在单相桥式整流电路中，把 4 个整流管都换成晶闸管，就组成了单相桥式全控整流电路。单相桥式全控整流电路如图 5-5 所示，负载为电阻性负载，晶闸管 VT_1 和 VT_4 组成一对桥臂，VT_2 和 VT_3 组成另一对桥臂，分别担任正负半波的整流输出工作。

2．工作过程

（1）在 u_2 正半周（即 a 点电位高于 b 点电位）若 4 个晶闸管均不导通，$i_d=0$，$u_d=0$。VT_1、VT_4 串联承受电压 u_2。

（2）在相位角 α 处给 VT_1 和 VT_4 加触发脉冲，VT_1 和 VT_4 即导通，电流路径：$a \to VT_1 \to R \to VT_4 \to b$。

（3）当 u_2 过零时，流经晶闸管的电流也降到零，VT_1 和 VT_4 关断。

（4）在 u_2 负半周，仍在相位角 $\pi+\alpha$ 处触发 VT_2 和 VT_3，VT_2 和 VT_3 导通，电流流通路径：$b \to VT_2 \to R \to VT_3 \to a$。

（5）到 u_2 过零时，电流又降为零，VT_2 和 VT_3 关断。

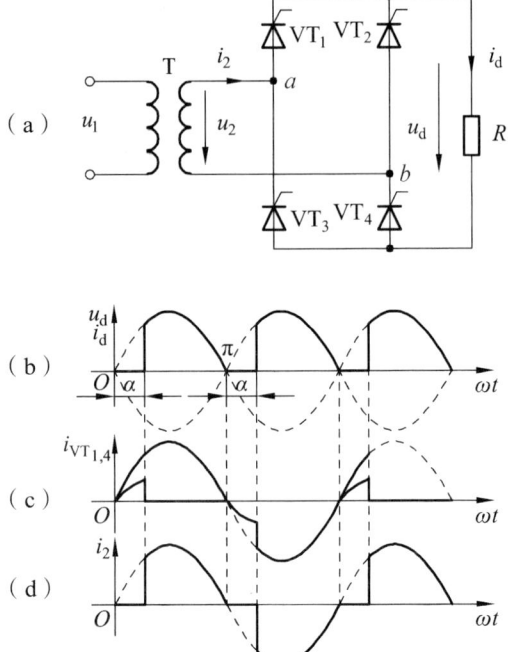

图 5-5　单相桥式全控整流电路带电阻负载时的电路及其波形形

3．基本数量关系

整流电压平均值为

$$U_\mathrm{d} = 0.9 U_2 \frac{1+\cos\alpha}{2} \qquad (5\text{-}10)$$

式中，$\alpha = 0$ 时，$U_\mathrm{d} = 0.9 U_2$；$\alpha = 180°$ 时，$U_\mathrm{d} = 0$。可见，α 角的移相范围为 $0 \sim 180°$。

向负载输出的直流电流平均值为

$$I_\mathrm{d} = 0.9 \frac{U_2}{R} \frac{1+\cos\alpha}{2} \qquad (5\text{-}11)$$

流过晶闸管的电流平均值为

$$I_\mathrm{dT} = \frac{1}{2} I_\mathrm{d} = 0.45 \frac{U_2}{R} \frac{1+\cos\alpha}{2} \qquad (5\text{-}12)$$

晶闸管承受的最大正反向电压均为 $\sqrt{2} U_2$。

由图 5-5（d）可知，电流 i_2 为交流电，即交流电源的正负半周都有整流电流流过负载，变压器二次侧绕组中，正负两个半周电流方向相反且波形对称，平均值为零，即直流分量为零，不存在变压器直流磁化问题，变压器绕组的利用率也高。

5.2.2 单相桥式全控整流电路(阻感负载)

1. 电路结构

图5-6所示为单相桥式全控整流电路,阻感负载。为便于讨论,假设电路已工作于稳态,电流波形已经形成。

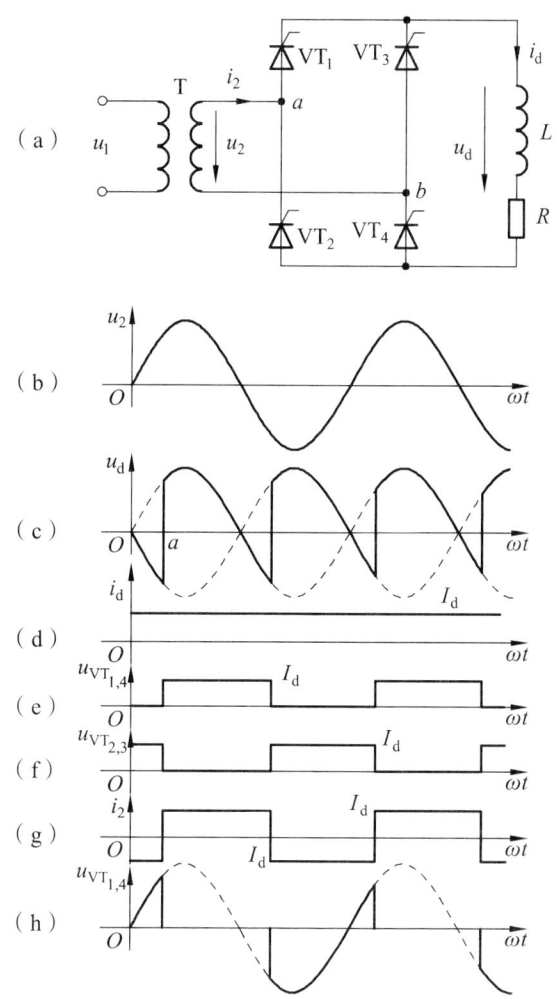

图5-6 单相桥式全控整流电路带阻感负载时的电路及波形

2. 工作过程

(1) 在 u_2 正半周,触发角 α 处给晶闸管 VT_1 和 VT_4 加触发脉冲使其开通,电流路径:$a \to VT_1 \to L \to R \to VT_4 \to b$,$u_d = u_2$。负载中电感的存在使负载电流不能突变,电感对负载电流起平波作用。假设负载电感很大,i_d 不能突变,负载电流连续且波形近似为一条水平线。

(2) u_2 过零变负时,由于电感的作用,晶闸管 VT_1 和 VT_4 仍承受正压而继续导通,因而 u_d 波形中出现负值部分,其中电流为 i_d。

(3) $\omega t = \pi + \alpha$ 时刻,触发 VT_2 和 VT_3,因 VT_2、VT_3 承受正向电压而导通。VT_2 和 VT_3

导通后，u_2 通过 VT_2、VT_3 分别分别向 VT_1、VT_4 施加反向电压使 VT_1、VT_4 关断，流过 VT_1、VT_4 的电流迅速转移到 VT_2、VT_3，此过程称为换相（电流从一个支路向另一个支路转移的过程）亦称换流。至下一周期重复上述过程，如此循环下去。此时电流途经 $b \to VT_3 \to L \to R \to VT_2 \to a$ 流通。

3．整流电压平均值

$$U_d = 0.9 U_2 \cos\alpha \tag{5-13}$$

式中，$\alpha = 0$ 时，$U_{d0} = 0.9 U_2$；$\alpha = 90°$ 时，$U_d = 0$。晶闸管移相范围为 $0 \sim 90°$。

晶闸管承受的最大正反向电压均为 $\sqrt{2} U_2$。

5.2.3 单相桥式半控整流电路

问题与思考：单相桥式全控整流电路的负载为感性负载时，输出电压有正有负，电流波动大，半波可控整流时加续流二极管可以解决这个问题，对于桥式全波电路应该如何设计呢？

在单相桥式全控电路中，每一个导电回路中有 2 个晶闸管，即用 2 个晶闸管同时导通控制导电的回路。实际上，为了对每个导电回路进行控制，只需 1 个晶闸管就可以了，另 1 个可以用电力二极管代替，从而简化整个电路，如图 5-7 所示。把 VT_3、VT_4 换成二极管 VD_1、VD_2，为实用的单相桥式半控整流电路。

1．电路结构

图 5-7 为阻感性负载的单相桥式半控整流电路原理图，由两只晶闸管和两只二极管分别串联而成。晶闸管担任可控整流工作，两只二极管不仅和晶闸管配合完成整流任务，还起到续流作用。

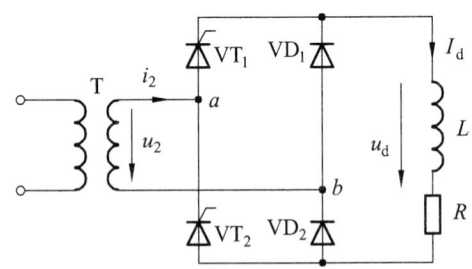

图 5-7　不带续流二极管的单相半控桥式整流电路

2．工作过程分析

设电路为稳态工作，变压器二次侧 u_2 正半周时，相位角从 0 到 α 时刻，晶闸管承受正向电压，由于没有触发脉冲，晶闸管正向截止。

（1）变压器二次侧 u_2 正半周时，在相位角 α 时刻开始触发 VT_1 导通，电流流通路径为

$$a \to VT_1 \to L \to R \to VD_2 \to b$$

（2）变压器二次侧 u_2 负半周时，在相位角 $\pi+\alpha$ 时刻开始触发 VT_2 导通，电流流通路径为

$$b \rightarrow VD_1 \rightarrow L \rightarrow R \rightarrow VD_2 \rightarrow a$$

（3）相位角从 0 到 α 时刻和相位角从 π 到 $\pi+\alpha$ 时刻二极管 VD_1 与二极管 VD_2 续流。电感放电，极性为下正上负，电流流通路径为

$$L（下）\rightarrow R \rightarrow VD_2 \rightarrow VD_1 \rightarrow L（上）$$

交流与讨论：晶闸管和二极管的导通角各为多少度？

整流电路的输出电压平均值为

$$U_d = 0.9 U_2 \frac{1+\cos\alpha}{2} \tag{5-14}$$

输出电流的平均值为

$$I_d = 0.9 \frac{U_2}{R} \frac{1+\cos\alpha}{2} \tag{5-15}$$

晶闸管电流平均值为

$$I_{dT} = \frac{\pi-\alpha}{2\pi} I_d \tag{5-16}$$

二极管电流平均值为

$$I_{dD} = \frac{\pi+\alpha}{2\pi} I_d \tag{5-17}$$

单相桥式半控与桥式全控相比，平均输出电压要高，电流波动小，主电路成本低、触发电路简单。

【例 5-3】 一大电感负载采用单相桥式半控整流电路供电，如图 5-7 所示，负载电阻 R 为 5 Ω，输入电压 220 V，晶闸管控制角 $\alpha = 60°$，求输出电压和输出电流的平均值及流过晶闸管、二极管电流的平均值。

整流输出电压的平均值为

$$U_d = 0.9 U_2 \frac{1+\cos\alpha}{2} = 0.9 \times 220 \times \frac{1+\cos 60°}{2} \approx 149 \text{ V}$$

整流输出电流的平均值为

$$I_d = \frac{U_d}{R} = \frac{149}{5} \approx 30 \text{ A}$$

晶闸管电流平均值为

$$I_{dT} = \frac{\pi-\alpha}{2\pi} I_d = \frac{\pi-\frac{\pi}{3}}{2\pi} \times 30 = 10 \text{ A}$$

二极管电流平均值为

$$I_{dD} = \frac{\pi+\alpha}{2\pi} I_d = \frac{\pi+\frac{\pi}{3}}{2\pi} \times 30 = 20 \text{ A}$$

5.3 三相可控整流电路

当整流负载容量较大，或要求直流电压的脉动小、易滤波时，一般采用三相可控整流装置。三相可控整流装置类型很多，最基本的是三相半波可控整流电路，应用最广泛的是三相桥式全控整流电路以及双反星形可控整流电路、十二脉波可控整流电路等，均可在三相半波的基础上进行分析。

5.3.1 三相半波可控整流电路（电阻性负载）

问题与思考：在实际生产生活中通常为三相电，把三相电变换为电压可调的直流电，其电路结构怎样，输出电压波形如何？

1. 电路结构

如图5-8（a）所示，为得到零线，变压器二次侧必须接成星形，而一次侧接成三角形，避免3次谐波流入电网。3只晶闸管分别接入三相电源，它们的阴极连接在一起，称为共阴极接法。

2. 工作过程分析

图5-8（b）是相电压的波形，在$\omega t_1 \sim \omega t_2$期间，a相电压比b、c相都高，如果在$\omega t_1$时刻触发晶闸管$VT_1$，可使$VT_1$导通，此时负载上得到a相电压。在$\omega t_2 \sim \omega t_3$期间，b相电压最高，在$\omega t_2$时刻触发晶闸管$VT_2$，$VT_2$导通，此时$VT_1$因承受反压而关断，负载上得到b相电压。同理，在$\omega t_3$时刻触发晶闸管$VT_3$，$VT_3$导通，此时$VT_2$因承受反压而关断，负载上得到c相电压。之后，各晶闸管都按同样规律依次触发导通并关断前面已导通的晶闸管。图5-8（c）为u_G波形。输出的整流电压是一个比单相整流脉动小些的直流电压，如图5-8（d）所示。它是三相交流电压正半周的包络线。在一个周期内整流电压有3次脉动，因此脉动频率是$3 \times 50 = 150$（Hz）。

从图5-9中可以看出，各晶闸管上的触发脉冲，其相序应与电源相序相同。各相触发脉冲依次间隔120°。在一个周期内，三相电源轮流向负载供电，每相晶闸管各导电120°。负载电流是连续的。

在相电压的交点处，ωt_1、ωt_2和ωt_3是各相晶闸管能触发导通的最早时刻。在这点以前晶闸管因承受反压，不能触发导通，因此把它作为计算控制角α的起点，即该处控制角$\alpha = 0$。这个交点称为自然换相点。这是因为如果把晶闸管换成不可控的二极管，相电压的交点就是二极管的自然换相点的缘故。

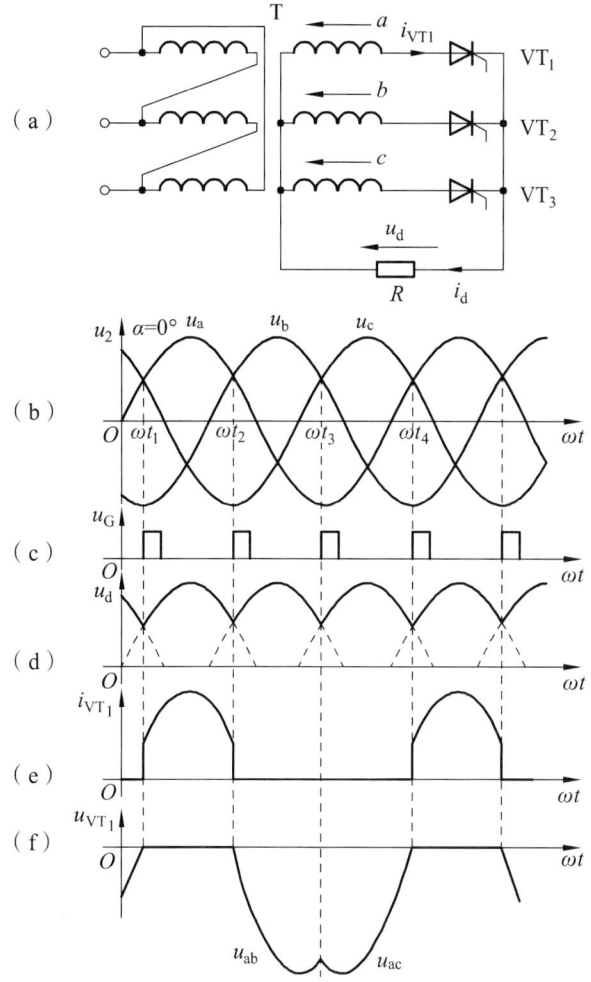

图 5-8　三相半波可控整流电路共阴极接法及 $\alpha = 0°$ 时的波形

图 5-8（e）是变压器 a 相绕组和晶闸管 VT_1 中的电流波形，其他两相的电流波形形状相同，相位依次滞后 120°。故变压器绕组中流过的是直流脉动电流。

图 5-8（f）是 a 相 VT_1 上的电压的波形，可分成三部分：VT_1 导通期，$u_{T1}=0$；VT_2 导通期，VT_1 承受 a 相和 b 相的电位差 u_{ab} 是反压。VT_3 导通期，VT_1 承受 a 相和 c 相的电位差 u_{ac} 是反压。故控制角 $\alpha=0$ 时，晶闸管仅承受反向电压，当随着控制角的增加，管子承受的正向电压增加，其他两管上的电压波形相同，仅相位依次相差 120°。

当控制角 $\alpha = 30°$ 时，负载电压波形如图 5-9 所示，负载电压、电流处于连续和断续的临界状态，各相仍导电 120°。

如果 $\alpha > 30°$，例如 $\alpha = 60°$ 时，则整流输出电压的波形如图 5-10 所示，可知当导通一相的相电压过零变负时，该相晶闸管关断。此时下一相晶闸管承受正向电压，但触发脉冲还未到，不会导通，故输出电压和电流都为零，直到下一相触发脉冲出现时为止。显然负载电流断续，各晶闸管导通时间为 90°，都小于 120°。

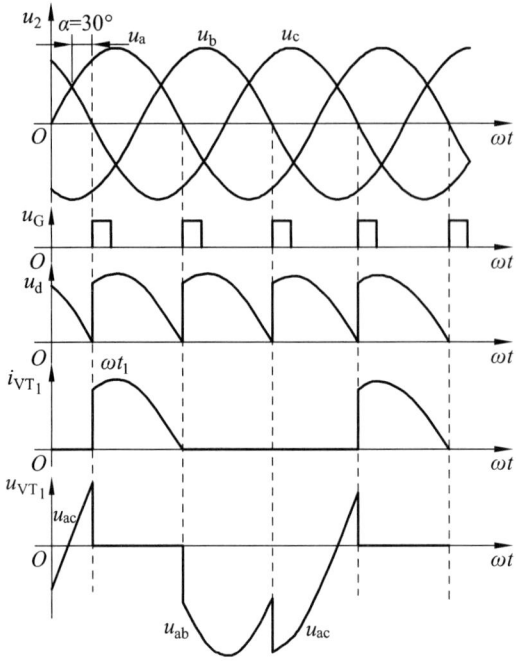

图 5-9 三相半波可控整流电路电阻负载、$\alpha=30°$ 时的波形

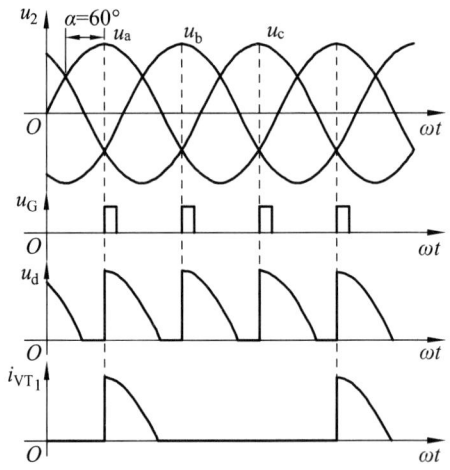

图 5-10 三相半波可控整流电路电阻负载、$\alpha=60°$ 时的波形

若 α 角继续增大，整流电压将越来越小，$\alpha=150°$ 时整流输出电压为零。故电阻负载时 α 角的移相范围为 $0°\sim150°$。

3．数量关系

整流电压平均值：

$\alpha \leqslant 30°$ 时，负载电流连续，有

$$U_d \approx 1.17 U_2 \cos\alpha$$

当 $\alpha=0°$ 时，U_d 最大，为 $U_d = U_{d0} = 1.17 U_2$。

$\alpha > 30°$ 时，负载电流断续，晶闸管导通角减小，此时有

$$U_{\mathrm{d}} \approx 0.675 U_2 \left[1 + \cos\left(\frac{\pi}{6} + \alpha\right) \right] \quad (5\text{-}18)$$

负载电流平均值为

$$I_{\mathrm{d}} = \frac{U_{\mathrm{d}}}{R}$$

晶闸管承受的最大反向电压为变压器二次线电压峰值，即

$$U_{\mathrm{RM}} = \sqrt{2} \times \sqrt{3} U_2 = \sqrt{6} U_2 = 2.45 U_2$$

晶闸管阳极与阴极间的最大电压等于变压器二次相电压的峰值，即

$$U_{\mathrm{FM}} = \sqrt{2} U_2$$

5.3.2 三相半波可控整流电路（电感性负载）

1. 电路结构

如果负载为阻感负载，且 L 值很大，则电路和波形如图 5-11 所示，整流电流 i_{d} 的波形基本是平直的，流过晶闸管的电流接近矩形波。

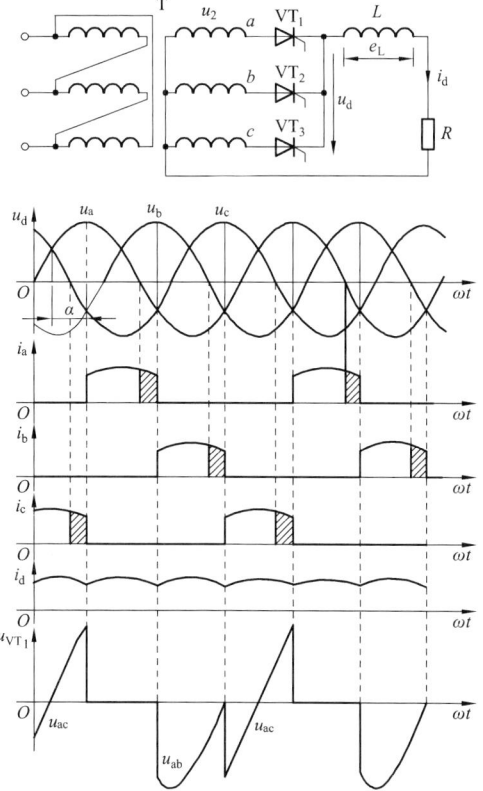

图 5-11 三相半波可控整流电路阻感负载、$\alpha = 60°$ 时的波形

2．工作过程分析

$\alpha \leqslant 30°$ 时，整流电压波形与电阻负载时相同。因为两种负载情况下，负载电流连续。

$\alpha > 30°$ 时，当 u_2 过零时，由于电感的存在，阻止电流下降，使晶闸管在电源电压由零变负时仍承受正向阳极电压而导通。因而 VT_1 继续导通，直到下一相晶闸管 VT_2 的触发脉冲到来，才发生换流，由 VT_2 导通向负载供电，同时向 VT_1 施加反压使其关断。这种情况下 u_d 波形中出现负的部分增多，若增大 α，u_d 波形中负的部分将增多。至 $\alpha = 90°$ 时，u_d 波形中正负面积相等，u_d 的平均值为零。故阻感时的移相范围为 $0° \sim 90°$。

3．数量关系

整流电压平均值为

$$U_d = 1.17 U_2 \cos\alpha \tag{5-19}$$

负载电流平均值为

$$I_d = \frac{U_d}{R} = \frac{1.17 U_2}{R} \cos\alpha \tag{5-20}$$

晶闸管电流平均值为

$$I_{dT} = \frac{I_d}{3} \tag{5-21}$$

5.3.3　三相桥式全控整流电路（电阻性负载）

1．电路结构

目前在各种整流电路中，应用最广泛的是三相桥式全控整流电路，其原理图和波形如图 4-12 所示，阴极连接在一起的 3 个晶闸管（VT_1、VT_3、VT_5）称为共阴极组；阳极连接在一起的 3 个晶闸管（VT_4、VT_6、VT_2）称为共阳极组。

2．工作过程分析

$\alpha = 0°$ 时，各晶闸管均在自然换向点处换向。此时电路工作波形如图 5-12 所示。由图中变压器二次绕组相电压与线电压波形对应关系看出，各自然换向点既是相电压的交点，同时也是线电压的交点。在分析的波形时，既可以从相电压波形分析，也可以从线电压波形分析（略）。

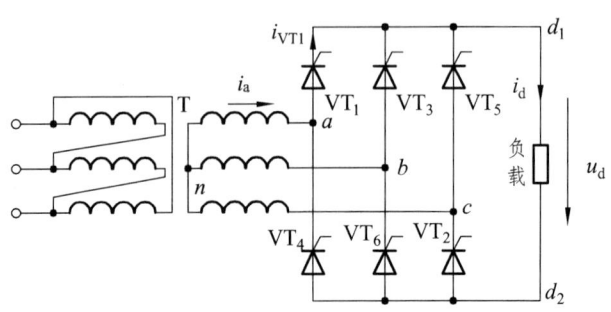

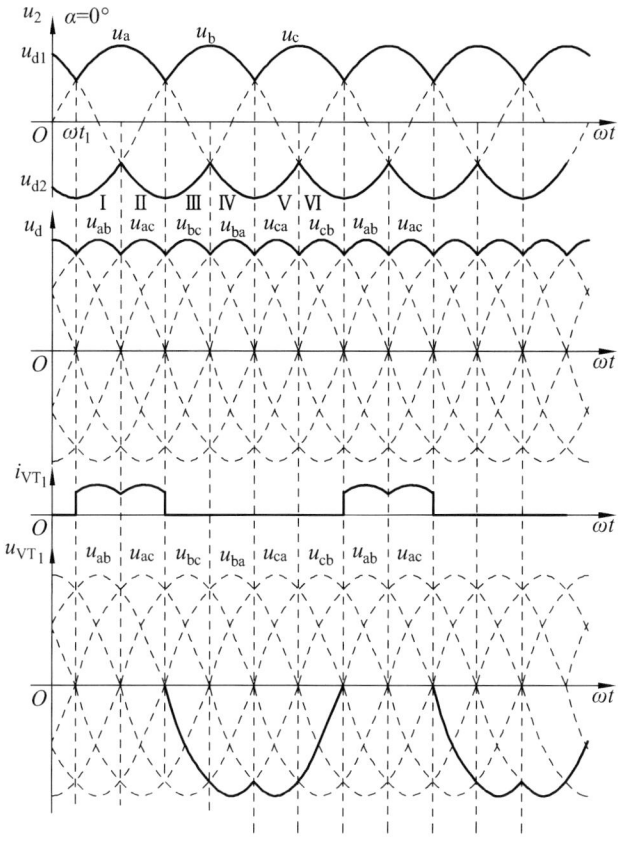

图 5-12 三相桥式全控整流电路带电阻负载 $\alpha=0°$ 时的波形

从相电压波形看,以变压器二次侧的中点 n 为参考点,共阴极组晶闸管导通时,整流输出电压 u_{d1} 为相电压在正半周的包络线;共阳极组导通时,整流输出电压 u_{d2} 为相电压在负半周的包络线,总的输出电压 $u_d = u_{d1} - u_{d2}$ 是两条包络线的差值,将其对应到线电压波形上,即为线电压在正半周的包络线。

为了说明各晶闸管的工作情况,将波形中的一个周期等分为 6 段。每段为 60°,每一段中导通的晶闸管及输出电压情况如表 5-1 所示。由该表可知,6 个晶闸管的导通顺序为

$$VT_1 \rightarrow VT_2 \rightarrow VT_3 \rightarrow VT_4 \rightarrow VT_5 \rightarrow VT_6$$

表 5-1 三相桥式全控整流电路电阻负载时的晶闸管工作情况

时段	I	II	III	IV	V	VI
共阴极组中导通的晶闸管	VT_1	VT_1	VT_3	VT_3	VT_5	VT_5
共阴极组中导通的晶闸管	VT_6	VT_2	VT_2	VT_4	VT_4	VT_6
整流输出电压	$u_a - u_b = u_{ab}$	$u_a - u_c = u_{ac}$	$u_b - u_c = u_{bc}$	$u_b - u_a = u_{ba}$	$u_c - u_a = u_{ca}$	$u_c - u_b = u_{cb}$

从触发角 $\alpha=0°$ 时的情况可以总结出桥式全控整流电路的一些特点如下:

（1）每个时刻均需 2 个晶闸管同时导通，形成向负载供电的回路，其中 1 个晶闸管是共阴极组的，另 1 个是共阳极组的，且不为同一相的晶闸管。

（2）对触发脉冲的要求：6 个晶闸管的脉冲按 $T_1 \rightarrow VT_2 \rightarrow VT_3 \rightarrow VT_4 \rightarrow VT_5 \rightarrow VT_6$ 的顺序，相位依次相差 60°；共阴极组 VT_1、VT_3、VT_5 的脉冲依次相差 120°，共阳极组 VT_4、VT_6、VT_2 也依次相差 120°；同一相的上下两个桥臂，脉冲相差 180°。

（3）整流输出电压 u_d 一周期脉动 6 次，每次脉动的波形都一样，故该电路为 6 脉波整流电路。

当触发角 α 从 0° 开始增大时，输出电压、电流波形自行分析。

3．数量关系

整流电压平均值为

$$U_d \approx 2.34 U_2 \cos \alpha \tag{5-22}$$

负载电流平均值为

$$I_d = \frac{U_d}{R}$$

晶闸管电流平均值为

$$I_{dT} = \frac{I_d}{3}$$

本章小结

（1）相控整流电路是把交流电变换为输出电压可调的直流电。

（2）相控：通过改变控制角来调节直流输出电压大小的方式称为移相控制或相位控制，简称相控。

（3）控制角（α）：将晶闸管开始承受正向电压到触发脉冲出现之间的电角度称为控制角，也叫触发角或移相角。

（4）移相：在整流电路中，改变控制角的大小，即可改变触发信号出现的相位，称为移相。

（5）导通角（θ）：晶闸管在一个周期内导通的电角度，称为导通角。

（6）单相半波可控整流电路阻性负载时输出直流

电压平均值：$U_d = 0.45 U_2 \left(\dfrac{1+\cos \alpha}{2} \right)$

电流平均值：$I_d = 0.9 \dfrac{U_2}{R} \dfrac{1+\cos \alpha}{2}$

晶闸管电流平均值：$I_{dT} = I_d = \dfrac{U_d}{R}$ $I_{dT} = I_d = \dfrac{U_d}{R}$

晶闸管的移相范围：0°~180°。

（7）单相半波可控整流电路阻感负载时输出有负压。

（8）单相半波可控整流电路阻感负载（加续流二极管）时输出有没有负压，改善负载工作条件，输出

电压平均值：$U_d = 0.45 \dfrac{1+\cos\alpha}{2}$

电流平均值：$I_d = \dfrac{U_d}{R} = 0.45 \dfrac{U_2}{R} \cdot \dfrac{1+\cos\alpha}{2}$

晶闸管电流平均值：$I_{dT} = \dfrac{\pi-\alpha}{2\pi} I_d$

二极管电流平均值：$I_{dD} = \dfrac{\pi+\alpha}{2\pi} I_d$

峰值电压：$U_{TM} = \sqrt{2} U_2$

晶闸管的移相范围：0°~180°。

（9）单相桥式全控整流电路阻性负载时

输出电压平均值：$U_d = 0.9 U_2 \dfrac{1+\cos\alpha}{2}$

电流平均值：$I_d = 0.9 \dfrac{U_2}{R} \dfrac{1+\cos\alpha}{2}$

晶闸管电流平均值：$I_{dT} = \dfrac{1}{2} I_d = 0.45 \dfrac{U_2}{R} \dfrac{1+\cos\alpha}{2}$

晶闸管反向峰值电压：$\sqrt{2} U_2$

晶闸管的移相范围：0°~180°。

（10）单相桥式全控整流电路阻感负载时

输出电压平均值为：$U_d = 0.9 U_2 \cos\alpha$

晶闸管移相范围为：0°~90°。

（11）单相桥式半控整流电路

输出电压平均值：$U_d = 0.9 U_2 \dfrac{1+\cos\alpha}{2}$

电流平均值为：$I_d = 0.9 \dfrac{U_2}{R} \dfrac{1+\cos\alpha}{2}$

晶闸管电流平均值为：$I_{dT} = \dfrac{\pi-\alpha}{2\pi} I_d$

二极管电流平均值为：$I_{dD} = \dfrac{\pi+\alpha}{2\pi} I_d$

晶闸管反向峰值电压为：$\sqrt{2} U_2$

晶闸管的移相范围：0°~180°。

（12）三相半波可控整流电路（电阻负载）

当 $0 < \alpha \leqslant 30°$ 时，输出电压平均值：$U_d \approx 1.17 U_2 \cos\alpha$

当 $\alpha = 0°$ 时，U_d 最大，为 $U_d = U_{d0} = 1.17 U_2$。

$\alpha > 30°$ 时，输出电压平均值：$U_d \approx 0.675 U_2 \left[1 + \cos\left(\dfrac{\pi}{6} + \alpha\right)\right]$

负载电流平均值：$I_d = \dfrac{U_d}{R}$

晶闸管电流平均值：$I_{dT} = \dfrac{I_d}{3}$

晶闸管的移相范围：$0° \sim 150°$。

（13）三相半波可控整流电路（阻感负载）

整流输出电压平均值：$U_d = 1.17 U_2 \cos\alpha$

输出电流平均值：$I_d = \dfrac{U_d}{R} = \dfrac{1.17 U_2}{R} \cos\alpha$

晶闸管电流平均值：$I_{dT} = \dfrac{I_d}{3}$

晶闸管的移相范围：$0° \sim 90°$。

（14）三相桥式全控整流电路（阻型负载）

整流输出电压平均值：$U_d \approx 2.34 U_2 \cos\alpha$

输出电流平均值：$I_d = \dfrac{U_d}{R}$

晶闸管电流平均值：$I_{dT} = \dfrac{I_d}{3}$

晶闸管的移相范围：$0° \sim 150°$。

 复习思考题 >>>

1. 请简述相控整流电路的作用，并说明怎样进行输出电压的调控。

2. 在图 5-1 所示的单向半波可控整流电路阻性负载中，输出电压为 90 V，电流为 45 A，电路直接由 220 V 电网供电，试计算晶闸管的导通角及电流平均值。

3. 电感性负载时全控式与半控式整流电路中的续流二极管各有什么作用？有何不同？

4. 单相半波可控整流电路，电阻性负载。要求输出的直流平均电压为 50～92 V，最大输出直流电流为 30 A，由交流 220 V 供电，试计算晶闸管控制角的调整范围为多少？

5. 某感性负载采用带续流二极管的单相半控桥整流电路，已知电感线圈的内阻 $R_d = 5\ \Omega$，输入交流电压 $U_2 = 220\ \text{V}$，控制角 $\alpha = 60°$。试求晶闸管与续流二极管的平均电流值。

6. 单相桥式全控整流电路，大电感时 $U_2 = 220\ \text{V}$，$R_d = 4\ \Omega$，试计算：（1）当 $\alpha = 60°$ 时，输出电压、电流平均值；（2）如负载接续流二极管，U_D、I_d 的值，并求流过晶闸管和续流二极管的电流的平均值。

7. 如图 5-8 所示三相半波可控整流电路中，阻性负载，控制角 $\alpha = 60°$，$U_2 = 220\ \text{V}$，负载电阻 $R = 30\ \Omega$，计算：（1）电路输出电压平均值 U_d；（2）负载电流的平均值 I_d；（3）流过晶闸管的电流平均值 I_{dT}。

章末练习题 >>>

一、选择题

1. 相半波可控整流电路，电阻性负载，控制角 α 的取值范围是（　　）。
   A. $0 \leqslant \alpha < 180°$ B. $0 \leqslant \alpha < 90°$
   C. $90° \leqslant \alpha < 180°$ D. $60° \leqslant \alpha < 180°$

2. 单相半波可控整流电路，电感性负载（无续流二极管），控制角 α 和导通角 θ 之和（　　）。
   A. 等于 π B. 大于 π
   C. 小于 π D. 不可估算

3. 单相半波可控整流电路，电感性负载（有续流二极管），控制角为 α，二极管的导通角为（　　）
   A. $\pi - \alpha$ B. 0 C. 2α D. $\pi + \alpha$

4. 单相半波可控整流电路，大电感负载接有续流二极管，电路工作在稳态，u_2 为负半周时，晶闸管 VT（　　）。
   A. 导通续流 B. 截止 C. 不能确定

5. 某感性负载采用带续流二极管的单相半空桥整流电路，已知电感线圈的内电阻 $R_d = 5\ \Omega$，输入交流电压 $U_2 = 220\ \text{V}$，控制角 $\alpha = 60°$。晶闸管和续流二极管电流的平均值为（　　）。
   A. 10 A 和 5 A B. 9.9 A 和 4.95 A C. 5 A 和 10 A D. 4.95 A 和 9.9 A

6. 单相桥式全控整流电路电阻性负载，输入电压为正弦波，控制角为 α，晶闸管的导通角为（　　）。
   A. α B. $\pi + \alpha$ C. $\pi - \alpha$

7. 晶闸管可控整流电路中的控制角 α 减小，则输出的电压平均值会（　　）。
   A. 不变 B. 增大 C. 减小

8. 晶闸管触发导通后，其门极对电路（　　）。
   A. 仍有控制作用 B. 有时有控制作用 C. 将失去控制作用

9. 一大电感负载采用单相桥式半控整流电路供电，如图 5-13 所示，负载电阻为 5 Ω，输入电压 220 V，晶闸管控制角 $\alpha = 60°$，变压器二次侧 u_2 负半周时，在相位角 $\pi + \alpha$ 时刻开始触发 VT_2 导通，电流流通路径为（　　）。

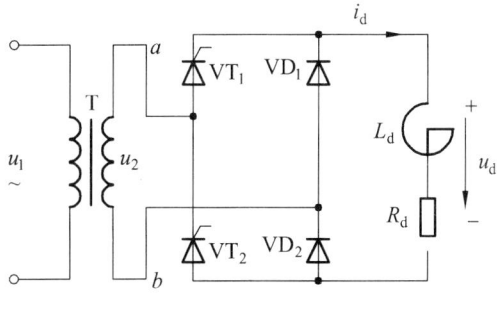

图 5-13 题 9 图

A. $a \to VT_1 \to L_d \to R \to VD_2 \to b$

B. $b \to VD_1 \to L_d \to R \to VT_2 \to a$

C. $L_d(下) \to R \to VD_2 \to VD_1 \to L_d(上)$

10. 三相半波可控整流电路，自然换相点触发晶闸管，电路输出电压 u_d 的波形是（　　）。

A. 脉动半波直流电　　B. 三相正弦交流电

C. 脉动直流电　　D. 三相交流电压正半周的包络线

11. 三相桥式全控整流电路，如图 5-14 所示，VT_4、VT_6、VT_2 晶闸管为（　　）晶闸管。

A. 共阳极组　　B. 共阴极组　　C. 并联组

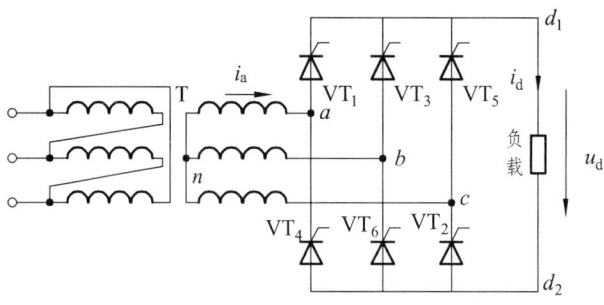

图 5-14　题 11 图

二、填空题

1. 三相半波可控整流电路，输入三相正弦交流电频率为 50 Hz，自然换相点触发晶闸管，电路输出直流电压脉动频率为_____Hz。

2. 三相桥式全控整流电路，输入三相正弦交流电频率为 50 Hz，自然换相点触发晶闸管，电路输出直流电压脉动频率为_____Hz。

3. 桥式全控整流电路中每个时刻均需 2 个晶闸管同时导通，形成向负载供电的回路，其中一个晶闸管是共阴极组的，另一个是共阳极组的，且不为_____的晶闸管。

4. 三相半波可控整流电路电阻负载时，α 角的移相范围为 0°～_____。

三、判断题

1. 改变相控整流电路中晶闸管的控制角 α，就可以调节整流电路输出直流电压的大小。（　　）

2. 在普通晶闸管组成的全控整流电路中，带电感性负载，没有续流二极管时，导通的晶闸管在电源电压过零时不关断。（　　）

3. 单相桥式半控整流电路阻感性负载，主电路由两只晶闸管和两只二极管分别串联组成，晶闸管担任可控整流工作，两二极管不仅和晶闸管配合完成整流任务，还起到续流作用。（　　）

4. 单相桥式半控与桥式全控相比，平均输出电压要高，电流波动小，主电路成本高、触发电路复杂。（   ）

5. 三相半波可控整流电路，当控制角 $\alpha = 30°$ 时，负载电压、电流处于连续和断续的临界状态，各相仍导电 120°。（   ）

6. 三相半波可控整流电路电阻负载时，当控制角 $\alpha = 60°$ 时，晶闸管的导通角为 120°。（   ）

7. 三相半波可控整流电路电阻负载时，当控制角 $\alpha = 30°$ 时，晶闸管的导通角为 120°。（   ）

第 6 章　驱动电路与保护电路

第 6 章课件

6.1　驱动电路概述

观察与思考：控制电路传来的电信号可以直接加在电力电子变换电路中的器件上吗？

电力电子器件以不同的电路拓扑构成不同的电力电子电路，实现各种电能转换与控制功能。为使电力电子电路能够稳定运行并获得优良电能，需要对电力电子器件进行可靠的驱动与保护。

可控型电力电子器件（包括全控和半控）多为三端器件，其中有两个电极接主电路，如晶闸管的阳极和阴极、GTR 的集电极和发射极，工作时可承受很高的电压和通过很大的电流。另一个电极起控制作用，如晶闸管的门极、MOSFET 的栅极，在其上面施加一定的电压或通以适当的电流可以控制器件的通断。较之主电路的电压或电流，这个起控制作用的电压或电流都很小，这种"以弱控强"的作用称之为驱动，与之相关的电路叫作驱动电路。电力电子器件的结构和性能各不相同，对驱动信号的要求也不一样，这使得各种器件的驱动电路存在着很大的差异。

电力电子器件的驱动电路是电力电子主电路与控制电路之间的接口，是电力电子装置的重要环节，对整个装置的性能有很大的影响。采用性能良好的驱动电路，可使电力电子器件工作在较理想的开关状态，缩短开关时间，减小开关损耗，对装置的运行效率、可靠性和安全性都有重要的意义。另外，对电力电子器件或整个装置的一些保护措施也往往就近设在驱动电路中，或者通过驱动电路来实现，这使得驱动电路的设计更为重要。

简单地说，驱动电路的基本任务，就是将控制电路传来的信号按照其控制目标的要求，转换为加在电力电子器件控制端和公共端之间的，可以使其开通或关断的信号。对半控型器件只需提供开通控制信号，对全控型器件则既要提供开通控制信号，又要提供关断控制信号，以保证器件按要求可靠导通或关断。

观察与思考：机车控制电路产生控制信号需要加在主电路中的电力电子器件上，主电路的高电压怎样和控制电路隔离开呢？

驱动电路还要提供控制电路与主电路之间的电气隔离环节。一般采用光隔离或磁隔离。光隔离一般采用光耦合器。光耦合器由发光二极管和光敏晶体管组成，封装在一个外壳内。其类型有普通、高速和高传输比三种，内部电路和基本接法如图 6-1 所示。普通光耦合器的输出特性和晶体管相似，只是其电流传输比 I_C/I_D 比晶体管的电流放大倍数 β 小得多，一般只有 0.1~0.3。高传输比光耦合器的电流传输比 I_C/I_D 要大得多。普通型光耦合器的响应时间为 10 μs 左右。高速光耦合器的光敏二极管流过的是反向电流,其响应时间小于 1.5 μs。磁隔离的元件通常是脉冲变压器。当脉冲较宽时,为避免铁心饱和,常采用高频调制和解调的方法。

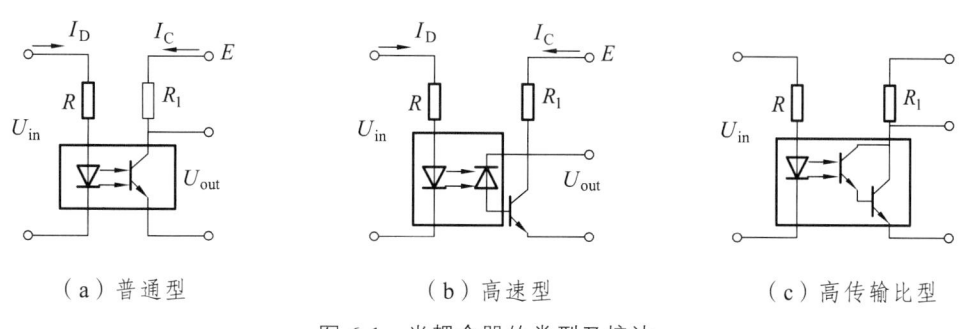

图 6-1 光耦合器的类型及接法

按照驱动电路加在电力电子器件控制端和公共端之间信号的性质,可以将电力电子器件分为电流驱动型和电压驱动型两类。晶闸管属于电流驱动型器件,是半控型器件,其驱动电路常称为触发电路。GTO、GTR、电力 MOSFET 和 IGBT 是典型的全控型器件。

驱动电路的具体形式可以是分立元件构成的驱动电路,但目前的趋势是采用专用的集成驱动电路,包括双列直插式集成电路,以及将光耦合隔离电路也集成在内的混合集成电路,而且为达到参数最佳配合,应首先选择所用电力电子器件的生产厂家专门为其器件开发的集成驱动电路。

观察与思考:HXD3 型机车有冷却设备,用于冷却电力电子器件,为什么需要冷却呢?

电力电子器件在实际应用时,可能会发生过电压、过电流甚至短路等现象,若无必要的保护措施,势必会损坏电力电子器件,或者损坏电路。同时,电力电子元器件在工作过程中,要消耗大量的功率,这部分耗散功率转变成热量会使元器件本身的温度升高,若温度过高且不及时处理,同样会造成元器件的损坏。

因此,在电力电子电路中,为了避免器件及线路出现损坏,除了电力电子元件参数要选择合适、驱动电路设计良好外,还需要进行必要的散热、设置必要的保护环节和缓冲处理。对电力电子器件或整个装置的保护环节,如控制电路与主电路之间的电气隔离环节以及对整个电路的缓冲环节等,也设在驱动电路或通过驱动电路来实现,这些都使得驱动电路的设计尤为重要。

6.2 IGBT 驱动与保护技术

观察与思考:驱动电路对 IGBT 有影响吗?驱动电路可以任意设计吗?

绝缘门极双极型晶体管(IGBT)是复合了功率场效应管和功率晶体管优点的一种新型复合器件,具有输入阻抗高、工作速度快、热稳定性好、驱动电路简单、通态电压低、耐压高和承受电流大等优点,应用十分广泛。但是因其栅极驱动电路设计上的不合理,导致无法发挥 IGBT 的良好特性,制约了 IGBT 的推广及应用。

IGBT 的驱动设计不良,会加大开关损耗,甚至使 IGBT 不能正常工作;其次,IGBT 的保护电路有别于其他电路,若保护不力反而会损坏 IGBT。

6.2.1 IGBT 对驱动电路的要求

1. 栅极驱动电路对 IGBT 的影响

(1)正向驱动电压 +U 增加时,IGBT 输出级晶体管的导通压降和开通损耗值将下降,但并不是说 +U 值越高越好。

(2)IGBT 在关断过程中,栅射极施加的反偏压有利于 IGBT 的快速关断。

(3)栅极驱动电路最好有对 IGBT 的完整保护能力。

(4)为防止一个系统中多个 IGBT 中的某个误导通,要求栅极配线远离主电流线,且多个 IGBT 的栅极驱动线不能捆扎在一起。

2. IGBT 对驱动电路的要求

(1)由于 IGBT 的栅-射极之间有数千皮法的极间电容,为加快建立驱动电压,要求驱动电路具有较小的内阻。同时用内阻小的驱动源对电容充放电,可以保证栅极控制电压 U_{GS} 的前后沿足够陡峭,从而使 IGBT 快速开通和关断,减少开关损耗。

(2)栅极驱动电源的功率要足够大,这样可以保证在 IGBT 导通后,其功率输出极总是处于饱和状态。而当瞬时过载时,足够大的驱动功率也足以保证 IGBT 不退出饱和区,以使 IGBT 的开关可靠,并避免在开通期间因退出饱和状态而损坏。

(3)要提供大小合适的正向驱动电压 U_{GE}。当正向驱动电压增加时,IGBT 的通态压降和开关损耗均将下降;但若 U_{GE} 过大,则在负载短路过程中,IGBT 的集电极电流也随之增大而增大,使 IGBT 能承受电流的时间减少,不利于其本身的安全,因此 U_{GE} 也不宜选得过大,合适的 U_{GE} 取值为 12~15 V。

(4)要提供大小合适的反向驱动电压。IGBT 关断时,在栅极和发射极间施加反向电压可防止因关断时浪涌电流过大而使 IGBT 误导通,并使 IGBT 快速关断。但反向驱动电压也不能过高,否则会造成栅-射极反向击穿。一般反向电压数值为 -5~-10 V。

(5)要提供合适的开关时间。快速开通和关断有利于提高工作频率,减小开关损耗。但在大电感负载情况下,开关时间过短会产生很高的尖峰电压,造成元器件击穿。因此提供合适的开关时间,才能保证 IGBT 正常工作并不致损坏。

(6)要有较强的抗干扰能力及对 IGBT 的保护功能。驱动电路与信号控制电路要严格进行电气隔离,防止相互间的干扰;还要有完整的自保护功能。同时,控制电路到驱动电路 IGBT 模块的引线要尽量短,且采用双绞线或同轴电缆屏蔽线,以免引起干扰。

6.2.2 IGBT 驱动电路

图 6-2 所示为采用光电耦合进行隔离的 IGBT 驱动电路。

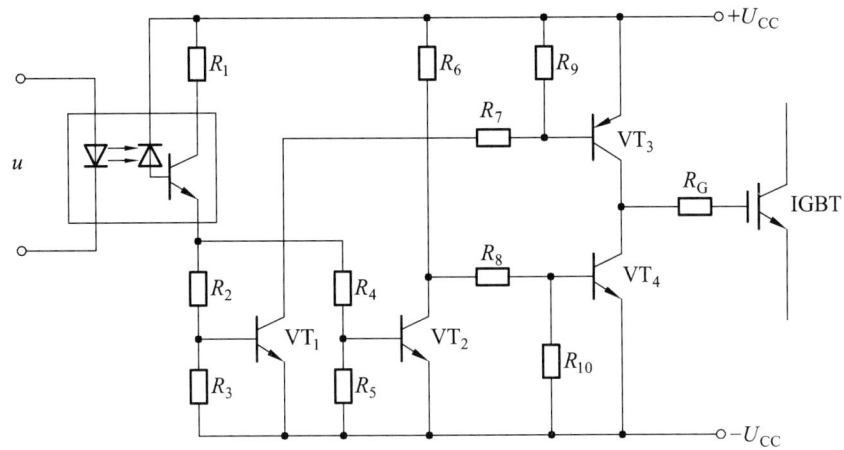

图 6-2 采用光电耦合器进行隔离的 IGBT 驱动电路

图 6-3 所示为采用脉冲变压器隔离的 IGBT 驱动电路。

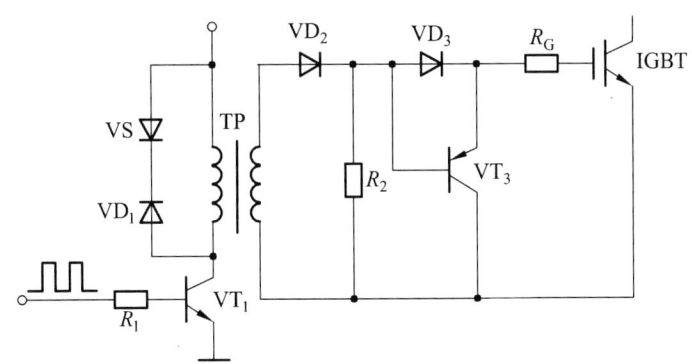

图 6-3 由脉冲变压器组成的 IGBT 驱动电路

M57962L 的原理图和驱动电路如图 6-4 所示。

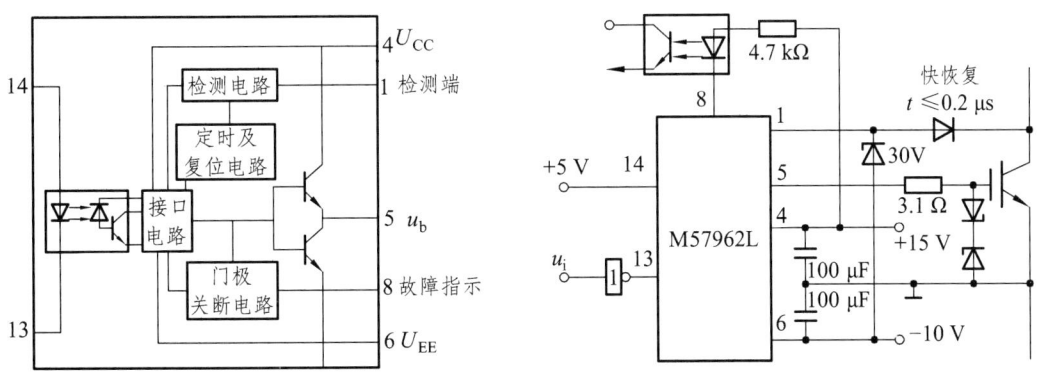

图 6-4 M57962L 型 IGBT 驱动器的原理图和驱动电路图

6.2.3 IGBT 保护

观察与思考：IGBT 工作时容易出现哪些不良情况，需要怎样保护呢？

1. IGBT 过电压保护

设计缓冲电路是抑制集电极-发射极间过电压的有效措施，缓冲电路如图 6-5 所示。用于抑制过电压的器件有金属氧化物压敏电阻和并联在直流母线上的无感电容。

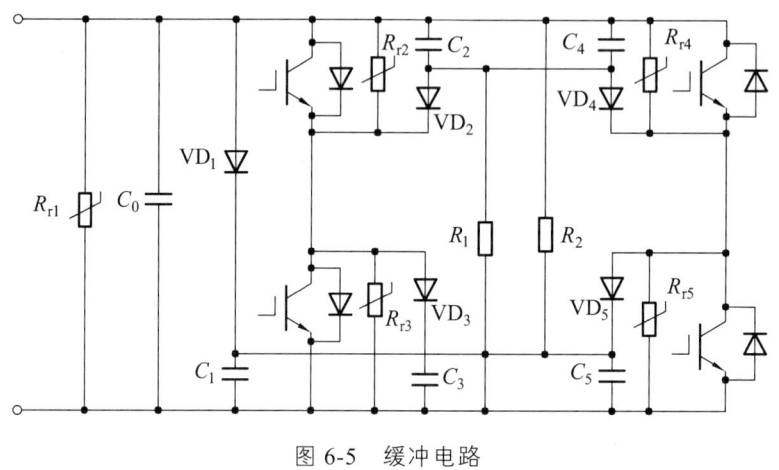

图 6-5 缓冲电路

2. IGBT 过电流保护

IGBT 的过电流保护电路可分为两类：一类是低倍数（1.2～1.5 倍）的过载保护；另一类是高倍数（可达 8～10 倍）的短路保护。常见的过电流保护电路如图 6-6 所示。

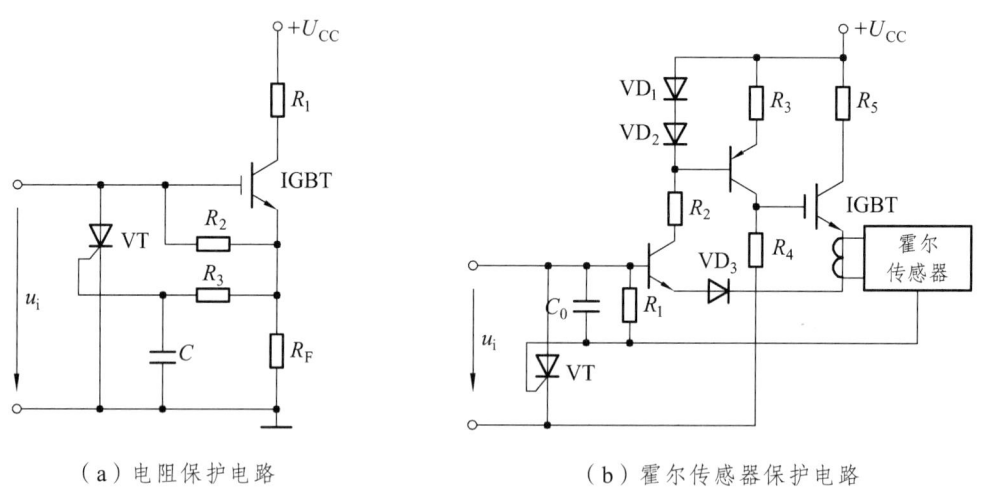

（a）电阻保护电路　　　　　　　　　（b）霍尔传感器保护电路

图 6-6 IGBT 的过电流保护电路

3. IGBT 过热保护

一般情况下，流过 IGBT 的电流较大，开关频率较高，导致 IGBT 器件的损耗比较大。如果热量不能及时散掉，器件的结温将超过其最大值，IGBT 可能损坏。IGBT 过热的原因可能是驱动波形不好、电流过大或开关频率太高，也可能是散热状况不良。IGBT 的过热保护是利用温度传感器检测 IGBT 的散热温度，当超过允许温度时使主电路停止工作。

本章小结

（1）电力电子中以弱控强的作用称为驱动，完成驱动任务的电路称为驱动电路。将控制电路传来的信号按照其控制目标的要求，转换为加在电力电子器件控制端和公共端之间，可以使其开通或关断的信号。

（2）采用性能良好的驱动电路，可使电力电子器件工作在较理想的开关状态，缩短开关时间，减小开关损耗，对装置的运行效率、可靠性和安全性都有重要的意义。

（3）驱动电路的基本任务，就是将信息电子电路传来的信号按照其控制目标的要求，转换为加在电力电子器件控制端和公共端之间，可以使其开通或关断的信号。驱动电路还要提供控制电路与主电路之间的电气隔离环节。对电力电子器件或整个装置的一些保护环节，也设在驱动电路或通过驱动电路来实现。

（4）IGBT 对驱动电路的要求：
① 要求驱动电路具有较小的内阻。
② 栅极驱动电源的功率要足够大。
③ 要提供大小合适的正向驱动电压（15 V）。
④ 要提供大小合适的反向驱动电压（-10 V）。
⑤ 要提供合适的开关时间。
⑥ 要有较强的抗干扰能力及对 IGBT 的保护功能。

（5）IGBT 的保护主要有过电压保护、过电流保护、过热保护。

复习思考题 >>>

1. 什么是驱动？什么是驱动电路？驱动电路的任务是什么？采用性能良好的驱动电路有什么意义？
2. 栅极驱动电路对 IGBT 有哪些影响？
3. 简述 IGBT 对驱动电路的要求。
4. IGBT 的主要保护措施有哪些？
5. IGBT 过热的原因有哪些？应怎样保护？

章末练习题 >>>

一、选择题

1. 关于栅极驱动电路对 IGBT 的影响，下列说法不正确的是（　　）。
   A. 正向驱动电压 +U 增加时，IGBT 输出级晶体管的导通压降和开通损耗值将下降，但并不是说 +U 值越高越好
   B. IGBT 在关断过程中，栅射极施加的反偏压有利于 IGBT 的快速关断
   C. 栅极驱动电路最好有对 IGBT 的完整保护能力
   D. 为防止造成同一个系统多个 IGBT 中某个的误导通，要求栅极配线走向应与主电

流线尽可能远，可以将多个 IGBT 的栅极驱动线捆扎在一起

2. IGBT 对驱动电路的要求要提供大小合适的正向驱动电压 U_{GE}。合适的 U_{GE} 取值为（　　）V。

A. 12~15　　　　B. 5　　　C. 10　　　D. 1

3. 使 IGBT 可靠关断，要提供大小合适的反向驱动电压，电压值为（　　）V。

A. −10~−30　　　B. −5~−10　　　　C. −5~−6

4. 如图 6-7 所示，电路中霍尔传感器的对 IGBT 起（　　）保护作用。

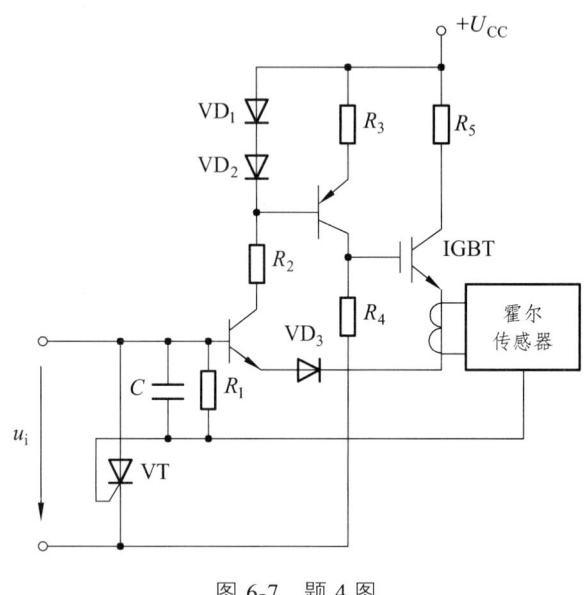

图 6-7　题 4 图

A. 过电压　　　　B. 过电流　　　　C. 过热

二、填空题

1. 电力电子器件的_____是电力电子主电路与控制电路之间的接口，是电力电子装置的重要环节，对整个装置的性能有很大的影响。

2. 驱动电路的_____一般采用光耦合器。

3. 设计缓冲电路是抑制集电极-发射极间过电压的有效措施。用于抑制过电压的器件有金属氧化物_____和并联在直流母线上的_____电容。

三、判断题

1. 采用性能良好的驱动电路，可使电力电子器件工作在较理想的开关状态，缩短开关时间，减小开关损耗，对装置的运行效率、可靠性和安全性都有重要的意义。（　　）

2. 驱动电路的基本任务，就是将信息电子电路传来的信号按照其控制目标的要求，转换为加在电力电子器件控制端和公共端之间，可以使其开通或关断的信号。（　　）

3. IGBT 过热的原因可能是驱动波形不好、电流过小或开关频率太低，也可能是散热状况不良。（　　）

4. IGBT 的过热保护是利用电压传感器检测 IGBT 的散热温度，当超过允许温度时使主电路停止工作。（　　）

第 7 章 HXD3 型机车电力变换电路

第 7 章课件

电力电子变换电路在和谐机车、动车组中广泛应用，HXD3 型机车采用轴控技术，电气系统主要包含有主电路、辅助电路及控制电路，其主电路、辅助电路和控制电路电源装置都采用电力电子变换电路，本章主要介绍各变换电路组成、作用、参数、工作原理及控制关系等。

7.1 HXD3 型机车变流器

7.1.1 主电路

1. 主电路概述

机车主电路由网侧电路、传动系统电路和库用动车电路等组成。机车网侧电路主要完成网侧电压的采集，供司乘人员观察、电度表计量和控制系统控制。传动系统电路由主变压器、主变流器和牵引电动机等组成，如图 7-1 所示。

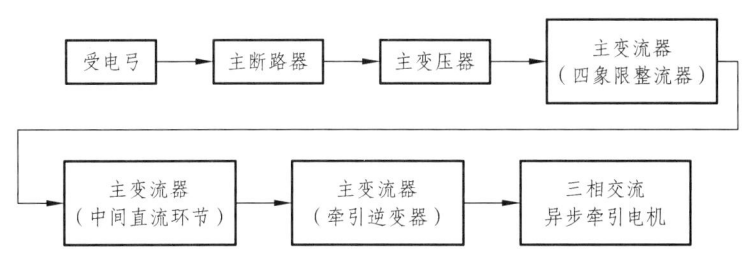

图 7-1 传动系统框图

主变压器原边通过受电弓和主断路器得电，25 kV 电压通过主变压器降压成 1 450 V，主变压器次边的 6 个独立的牵引绕组分别向两台主变流器的 6 个四象限整流器供电，每个四象限整流器分别对应一个独立的中间电路，它们分别向一个电压型 PWM 逆变器（又称牵引逆变器）供电，提供给 6 台牵引电动机（如图 7-2 所示）。再生制动过程与此相反。

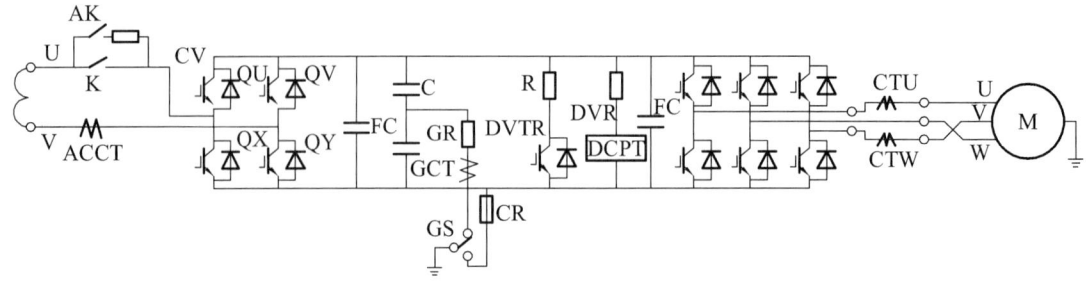

图 7-2 牵引变流器原理图（一组）

主电路设有原边过流保护、主变压器牵引绕组过流保护、主电路接地保护、牵引电动机过流保护等。

问题与思考：HXD3 型机车牵引电机为三相交流异步牵引电机，需要电压可调、频率可调的正弦交流电，而机车主变压器输出电压为 1 250 V/50 Hz 的正弦交流电，牵引变流器由哪些部分组成，有什么作用，怎样把定压定频的交流电变换为变压变频的交流电？

2. 牵引变流器作用、组成

HXD3 型机车装有两台变流柜，每台变流柜内含三组牵引变流器和一组辅助变流器。牵引变流器（CI）为牵引电动机提供三相交流的变压变频（VVVF）电源。根据车辆的速度，通过矢量控制，精确快速地控制牵引电机的转矩和转速。

牵引变流器由6部分构成：①线路接触器和预充电单元；②四象限整流器和中间直流回路（包含支撑电容和接地检测单元）；③保护模块；④脉宽调制逆变器；⑤控制单元；⑥监视单元。

3. 牵引变流器参数

额定输入电压（单相交流）	1 450 V/50 Hz
额定输入电流	966A
输入频率	50 Hz
牵引变流器每组容量	1 400 kV·A
中间电压（直流）	2 800 V
额定输出电压（三相交流）	2 150 V
额定输出电流	390 A
最大输出电流	520 A
输出频率	0～120 Hz
效率	≥98%
控制电压（直流）	110 V

7.1.2 四象限整流器

1. 四象限整流器组成

功率模块是构成变流器的核心部件，由上下桥臂的两组 IGBT 元件和反并联二极管构成,还包括冷却元件的水冷散热片和控制 IGBT 栅极电压的驱动电路。

IGBT 元件参数如下:

额定电压	4 500 V(集电极—发射极间电压)
额定电流	900 A(集电极的有效值电流)
最大电流	1 800 A
使用温度	40 ~ 125 ℃
绝缘耐电压	6 000 V 交流(1 min)

四象限整流单元(见图 7-3)是由 U 相、V 相两个功率模块构成,由于四象限整流单元额定输入电流较大,因此四象限整流单元是由两个 IGBT 元件并联后组成功率模块。

图 7-3 四象限整流单元

2. 四象限整流器作用

四象限整流器的用途是将来自主变压器的单相交流输入电压转换为直流电压以供给直流支撑回路。四象限整流器(4QC)这一术语表示的是在牵引工况以及制动工况下,电压 U_{ST} 和电流 I_N 间的相位角是完全可调节的。通过对电压和电流间的相位角的控制,能够获得全部四个操作的象限(既能整流,又能逆变)。

问题与思考:四象限整流器把交流电变换成直流电,并且输出直流电压高于输入交流电压,这是如何实现的?

3. 四象限整流器的工作原理

四象限整流器工作在 4 个象限,交流侧的电压和电流为坐标系的纵轴和横轴,如图 7-4 所示。一、三象限为牵引工况($P>0$),二、四象限为制动工况($P<0$)。四象限整流器是一个脉宽调制变流器,电路原理如图 7-5 所示。通过调整脉冲宽度和相位,控制中间直流电压的幅值和流入四象限整流器的交流电流波形和相位,使交流电流的波形尽量接近正弦波,同时使得交流侧的基波电压和基波电流的相位差接近于 0。因此,四象限整流器既限制了谐波电流分量,又提高了机车功率因数。图中 $VT_1 \sim VT_4$ 为 IGBT。

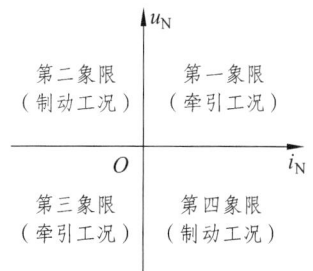

图 7-4 四象限电压电流坐标系

1)整流模式

检修后直流环节重新上电,通常先通过桥式整流的整流二极管 $VD_1 \sim VD_4$ 将电网的交流电能变为直流，供给直流环节预充电；直流环节电压升到一定值。

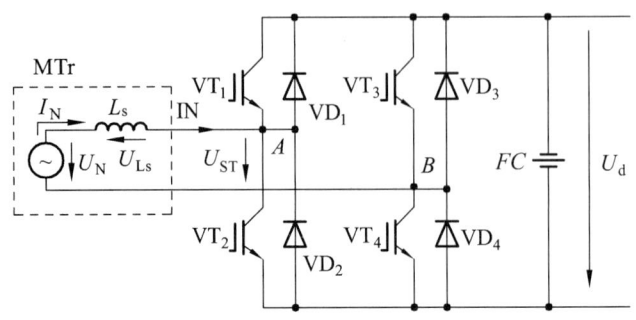

图 7-5　四象限整流电路原理图

2）升压模式

由于中间直流环节电压高于变压器副边电压的有效值，4 个二极管桥式整流输出电压达到一定值后，开启 $VT_1 \sim VT_4$ 使其工作在升压模式，其基本原理为控制 IGBT 的开关频率即调制频率 > 交流电网频率（通常为 20 倍以上），这时四象限整流器可看成按正弦规律控制的直流升压斩波电路（如图 7-6 所示，交流电半个周期控制 IGBT 通断 7 次，阴影为通）。

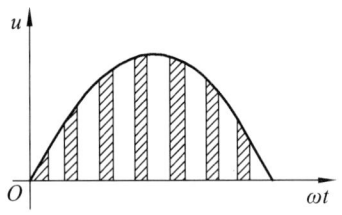

图 7-6　正弦波正半周 PWM 控制

（1）U_N 为正、VT_2 开通时，电流流经路径：

$$U_{N+} \to L_S \to A \to VT_2 \to VD_4 \to B \to U_{N-}$$

变压器副边短路，充电蓄能（变压器副边等效为大电感 L_S）。

VT_2 关断时，电流流经路径：

$$U_{N+} \to L_S \to A \to VD_1 \to FC \to VD_4 \to B \to U_{N-}$$

变压器副边电压和大电感 L_S 电动势叠加给电容 FC 充电，即升压充电。

由此可见，通过控制 VT_2 开通关断的占空比，可以控制输出的直流电压的幅值。

（2）U_N 为负时，控制 VT_4 开通和关断。

请自行分析电流流通路径及升压原理。

3）PWM 逆变模式

将右侧直流环节电压 U_d 视为出入端，A、B 输出端电压为 U_{ST}。这时，四象限整流器可看成单相有源逆变器，对其进行 PWM 控制，U_{ST} 为 PWM 脉冲波，等效为正弦波。

4. 四象限整流器工作模式及能量关系

问题与思考： 四象限整流器既能整流，又能逆变，能量是怎样流动的？

1）牵引工况（整流）

如图 7-7 所示，牵引工况时，控制电流 I_N 和电网电压 U_N 同相位，电流 I_N 接近正弦波，变压器输出功率的功率因数接近于 +1。此时，四象限整流器从电网吸收功率，向中间直流环节供给电能，经脉宽调制逆变器向牵引电机供电，电能转换为机械能，牵引电机输出转矩和转速，驱动轮动转动，牵引列车运行。

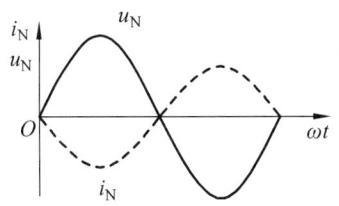

图 7-7　电压电流同相牵引工况（电功率 $P>0$）

能量流动路径为：

电网→变压器→四象限整流器→中间直流环节→脉宽调制逆变器→牵引电机（电动机）

2）再生工况（有源逆变）

如图 7-8 所示，再生工况时，控制电流 I_N 和电网电压 U_N 反相，电流 I_N 接近正弦波，变压器吸收直流环节能量，功率因数接近于 -1。此时，牵引电机工作在发电机工况，控制脉宽调制逆变器工作在整流状态，给直流环节供电，四象限整流器从直流环节吸收能量，被变压器副边吸收；四象限整流器此时工作在有源逆变状态。这时机车相当于一台移动的发电站，把能量通过受电弓反馈给接触网。

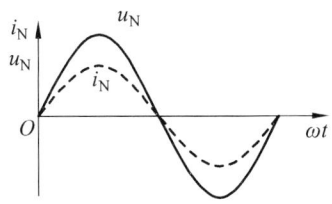

图 7-8　电压电流反相制动工况（电功率 $P<0$）

由于牵引电机工作于发电机状态，此时电磁力阻碍电机旋转，也阻碍轮动转动，钢轨对机车产生制动力，机车工作在制动工况，又称为再生制动。

能量流动路径为：

牵引电机（发电机）→脉宽调制逆变器→中间直流环节→四象限整流器→变压器→电网

5. 四象限整流器的优点

经过以上分析可知，四象限整流器具有以下优点：

（1）能量可以双向流动。

（2）从电网侧吸收的电流为正弦波。

（3）功率因素可达到 1。

（4）减少了接触网的等效干扰电流，减少了对通信的干扰。

（5）可以保证中间回路直流电压在允许偏差内。

7.1.3 中间直流电路

中间直流电路是四象限整流器（网侧变流器）和脉宽调制逆变器（电机侧逆变器）之间的中间环节。在三相交流传动系统中，中间直流电路起着很重要的作用。

1．中间直流电路主要作用

（1）在网侧整流器和电机侧逆变器之间实现瞬时功率平衡。

（2）储能电容向牵引电动机提供基波无功功率和高次谐波的通路。

（3）变流器换流能力直接受中间电路电压的影响，逆变器的调制电压质量也取决于其平衡程度，因此对它要求较高。

2．中间直流电路的组成

中间直流电路由中间电压支撑电容、瞬时过电压限制电路和主接地保护电路组成。

（1）滤波电容减小中间直流电压的脉动，使其更加平稳。接地电容除了具备滤波电容功用外，还能提供主回路接地故障检测的中性点。

（2）瞬时过电压限制电路由 IGBT 和限流电阻组成。当电压传感器检测到中间电路过电压时，IGBT 导通，通过限流电阻构成放电回路，以降低电压，保护电路元件。

（3）主接地保护电路由跨接在中间回路的两个串联电容和一个接地信号传感器组成。每套机组分别含三套接地保护电路，可以分别对三个交-直-交电路进行检测和保护，接地检测信号送 TCMS（机车微机柜）。当出现一点接地时，可以通过接地故障转换开关，实施对接地保护的隔离。

交流与讨论：中间直流环节是如何保持电压恒定的？

7.1.4 脉宽调制逆变器（牵引逆变器）

脉宽调制逆变器是由 U、V、W 三相逆变单元构成的，如图 7-9 所示。牵引逆变器的作用是把中间直流电压变换成三相交流电压，为异步牵引电动机提供频率和幅值可调的三相交流电源，同时通过调节三相输出电压波形控制牵引电动机的磁能和转矩。牵引逆变器的电路如图 7-10 所示，为电压型三相桥式逆变器，通常采用 PWM 控制技术，原理不再讲述。脉宽调制逆变器的参数见牵引变流器参数。

图 7-9 PWM 逆变单元

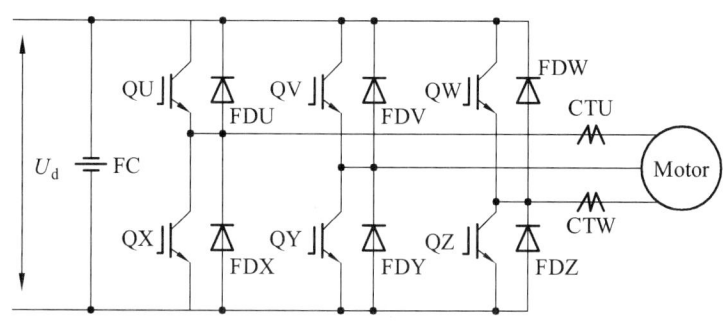

图 7-10 牵引逆变器电路

图 7-11 所示为逆变器输出电压和脉冲方式之间的关系。在中低速度区，使用异步 PWM 方式，通过把电压输出指令与载波的三角波相比，执行 PWM 控制。在逆变器输出电压最大的高速区，使用方波脉冲方式。此外，为了在这两者之间顺利改变输出电压波，在 PWM 方式和方波脉冲方式之间使用过调 PWM 方式。图 7-12 所示为方波脉冲方式中的输出相电压波。

机车的牵引电动机 $M_1 \sim M_3$ 分别由牵引变流器 UM_1 的 3 个 PWM 逆变器单独供电，$M_4 \sim M_6$ 分别由牵引变流器 UM_2 的 3 个 PWM 逆变器单独供电，实现牵引电动机的独立控制。由于机车六根动轴的轮径差、轴重转移及空转等可能引起负载分配不均匀，都可以通过牵引变流器的控制进行适当的补偿，以实现最大限度地发挥机车牵引力。

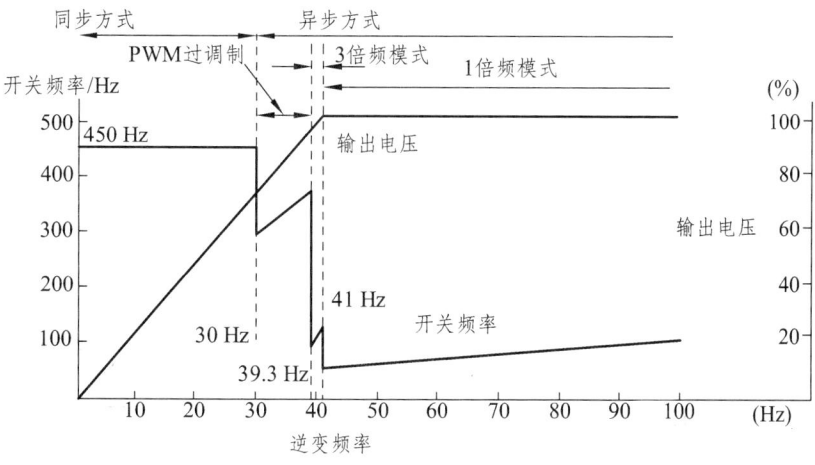

图 7-11 脉冲方式

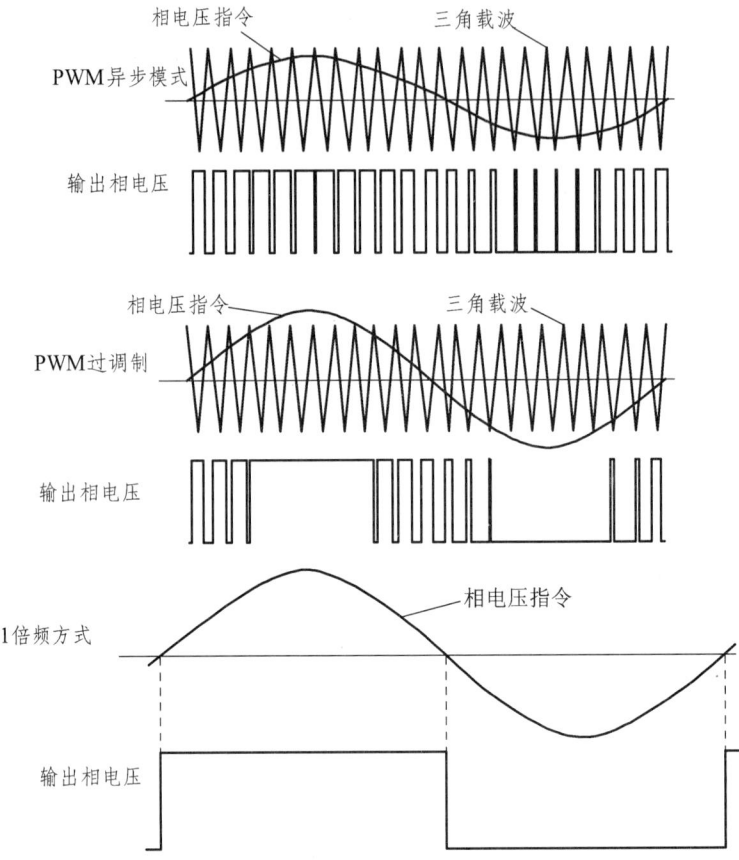

图 7-12 方波脉冲方式中的输出电压波

YJ85型异步牵引电机主要技术参数如下：

持续功率　　　　1 250 kW
额定电压　　　　2 150 V
额定电流　　　　390 A
额定频率　　　　46 Hz
额定转速　　　　1 365 r/min
最高转速　　　　2 662 r/min
极数　　　　　　4
功率因数　　　　0.91
额定效率　　　　95%
绝缘等级　　　　200级
冷却方式　　　　强迫风冷
通风量　　　　　96 m^3/min

7.1.5　主变流器的控制

机车主变流器装置的控制主要是按照司机控制器给定指令，由TCMS通过通信线传递给主变流器控制单元（IGBT 的门极控制单元），经驱动单元传递给 IGBT 栅极，按照机车牵引制动特性曲线，完成对牵引电动机的控制。

7.2 HXD3 机车辅助变流器

问题与思考：机车上有很多辅助电机，如牵引电机通风机电动机、复合冷却器通风机电机、变压器油泵等，这些动力设备都是三相交流电机驱动的，需要的电压为 380 V，给这些电机供电的设备是什么样的，是怎样变换得到所需的三相交流电的？

HXD3 型机车辅助电路由辅助变流器供电电路、辅助电动机电路、辅助库用电路、制冷及采暖电路等组成，如图 7-13、图 7-14 所示。机车上共安装两套完全相同的辅助变流器，分别按照 VVVF 和 CVCF 方式工作。考虑到系统的冗余性，每套辅助变流器的容量为 230 kV·A，以满足在一套辅助变流器故障的情况下，机车上的所有辅助电器可以切换到另一套辅助变流器上工作。

7.2.1 辅助变流器功能

辅助变流器主要为机车通风机电动机、复合冷却器风机电动机、压缩机电动机、主变压器油泵、牵引变流器水泵等设备供电，由于负载有风机类负载和泵类负载，系统具有输出可变电压、可变频率的 VVVF 控制和固定电压、固定频率的 CVCF 控制两种功能。电路框图如图 7-15 所示。

7.2.2 辅助变流器的组成、原理

1. 预充电电路

预充电电路由充电接触器 AK、工作接触器 K 和限流电阻 CHR 组成，当中间直流回路电压为 0 时，先闭合接触器 AK，主变压器的辅助绕组通过充电电阻向四象限整流器供电，给中间直流回路和支撑电容充电，当中间直流电压建立后，闭合工作接触器 K，断开充电接触器 AK，在切除充电电阻的同时，继续向中间直流回路供电，直至中间直流回路电压达到 750 V。至此，辅助变流器充电过程完成。预充电电路的目的在于减小大的充电电流的冲击。

辅助变流器主要技术参数如下：

主回路输入单相	399 V/50 Hz
中间直流电压直流	750 V
CVCF 变流器输出容量	230 kV·A
输出电压	AC 380 V（三相）
输出频率	50 Hz
元件类型	IGBT（1 700 V/1 200 A）

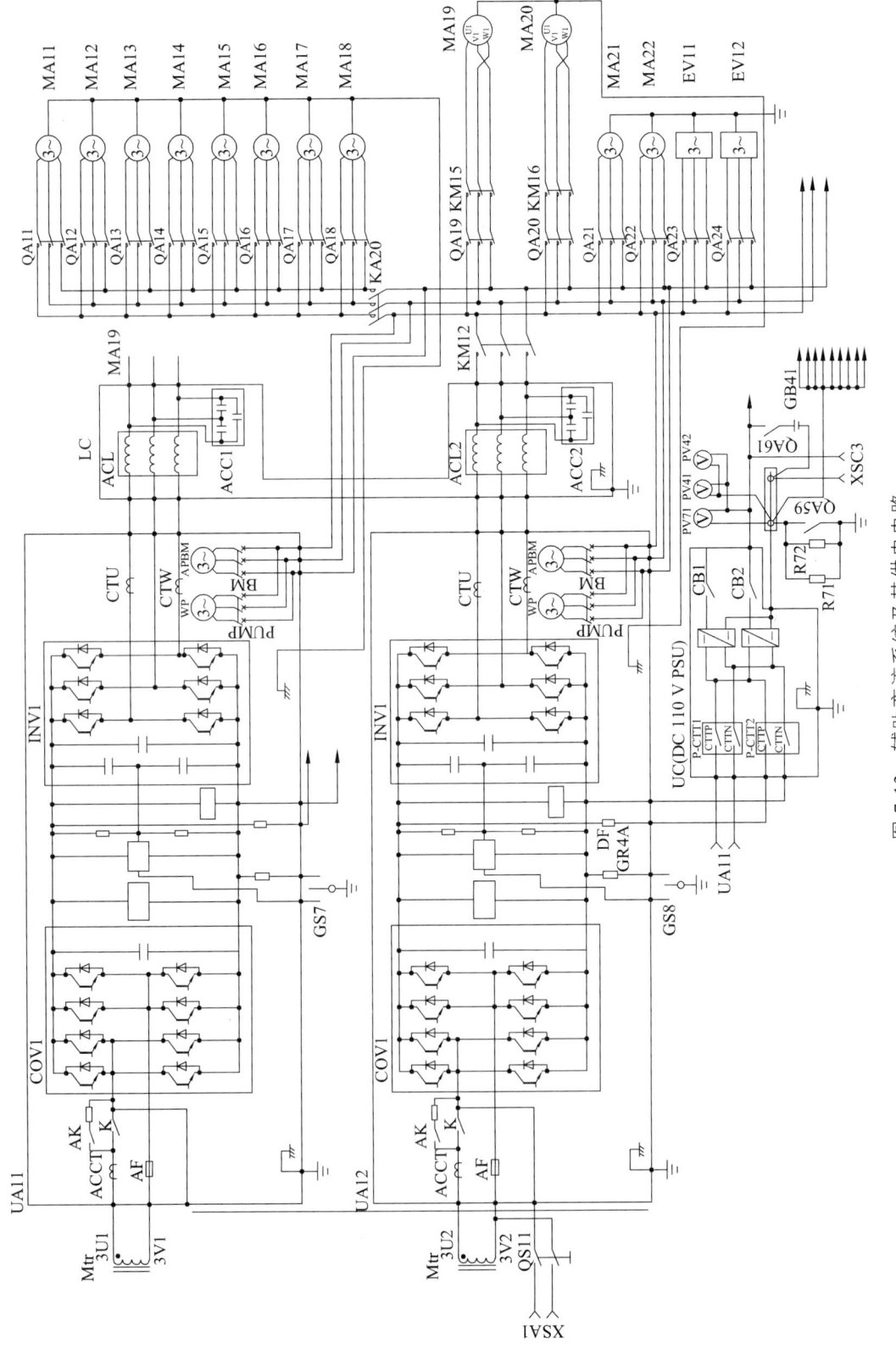

图 7-13 辅助变流系统及其供电电路

第 7 章 HXD3 型机车电力变换电路

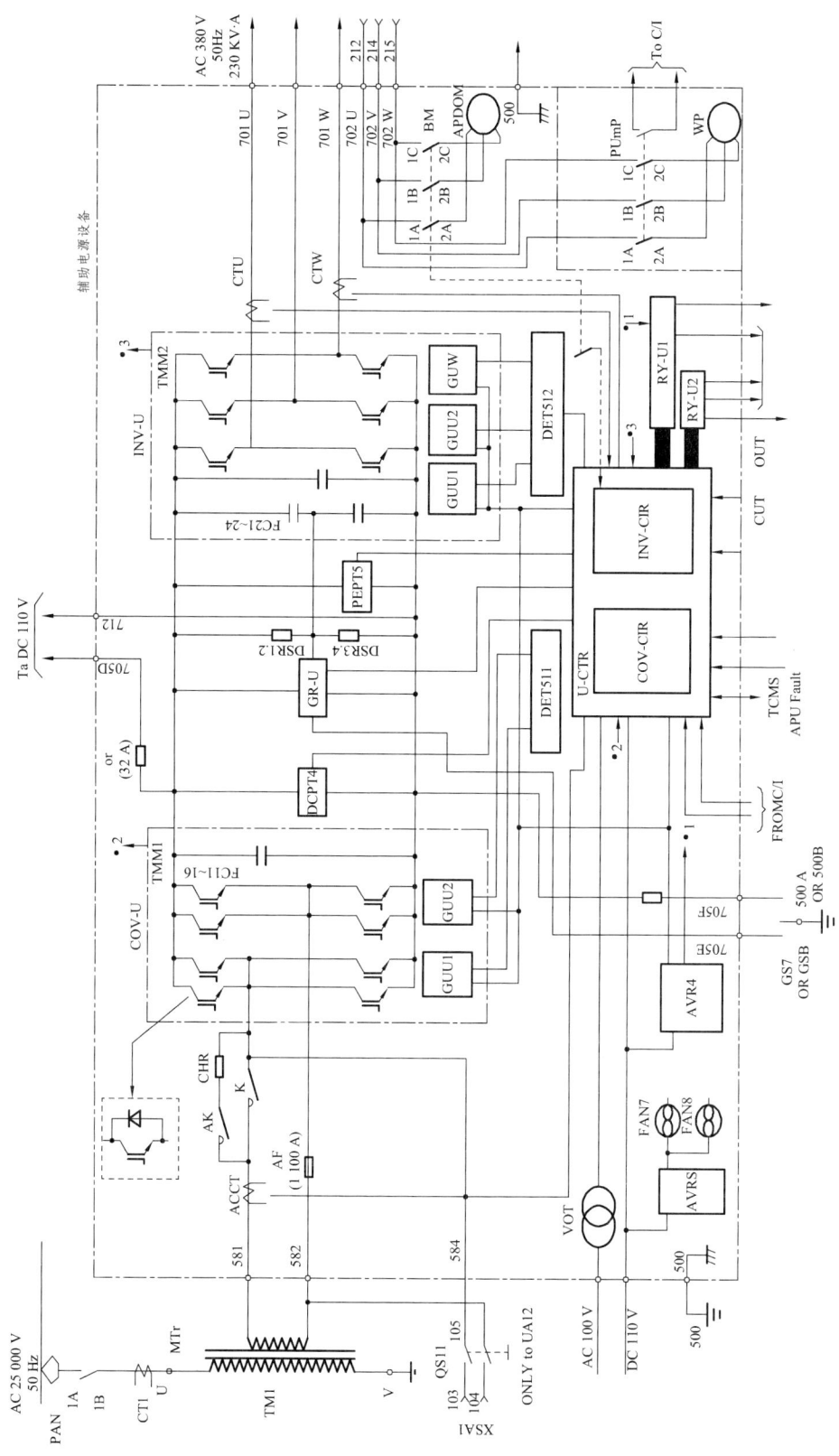

图 7-14 辅助变流器电气回路

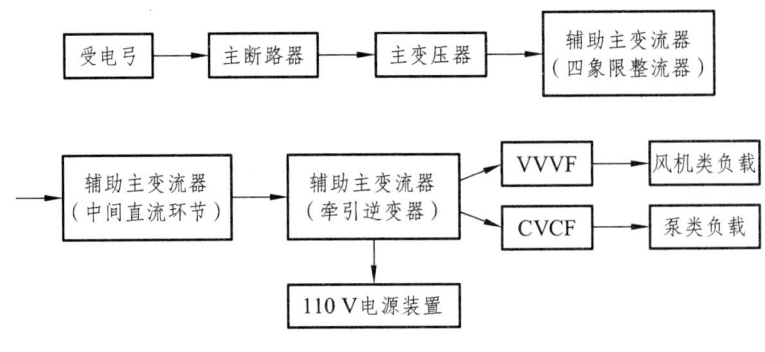

图 7-15　辅助电路框图

VVVF 变流器输出容量　　　　　　230 kV·A
输出电压　　　　　　　　　　　　AC 2～380 V
输出频率　　　　　　　　　　　　2～50 Hz
元件类型　　　　　　　　　　　　IGBT（1 700 V/1 200 A）
冷却方式　　　　　　　　　　　　强制风冷却方式
控制电压　　　　　　　　　　　　110 V

2．四象限整流器电路

四象限整流电路是一个脉宽调制变流器，将升压斩波与整流电路结合起来，使输入电流近似正弦波并与电网测电压同相。其结构属于升压整流方式，输入电压低于输出电压，其输入侧功率因数较高（接近于1），同时限制了谐波电流分量。采用 IGBT 作为其功率器件后，调制频率提高。当其输入端或输出端发生变化时，控制系统能很快做出响应，快速调节使输出保持稳定。

3．中间直流电路

中间直流电路由中间电压支撑电容、中间电压测量电路和辅助接地保护电路组成。辅助变流器采用的是电压型逆变器，为了稳定中间回路电压，并联了大量的支撑电容，同时还对辅助逆变器产生的高次谐波进行滤波。

每个辅助变流器的接地保护系统都是由跨接在中间回路的 2 个串联电容和 1 个接地信号检测传感器组成。辅助回路正常工作时由于只有 1 点接地，接地保护电路中流过的电流为零。接地信号检测传感器无信号输出。当辅助电路某点接地时则形成回路，接地检测回路有故障电流流过，传感器输出电流信号。使保护装置动作。保护发生时，相控整流器和逆变器的门极均被封锁。同时向微机控制系统发出跳主断的信号。可以通过接地故障转换开关，实施对接地保护的隔离。

4．逆变器电路

HXD3 型电力机车辅助变流器的逆变器具有工作频率高、自我保护能力强、控制方法较简单等优点。逆变器将直流电转换成三相交流电向负载电机供电，可采用变压变频（VVVF）方式、恒压恒频（CVCF）方式，以满足不同负载的需要。辅助变流器正常工作时，将所有泵类负载如压缩机、油泵、空调机组由一组辅助变流器供电，采用 CVCF 方式；而所有风机类负载，如牵引风机、冷却塔通风机等，由另一组辅助变流器供电，采用 VVVF 方式。根据机车的运行状态不同，采用 VVVF 控制方式的辅助变流器 UA11 输出不同频率的 380 V 交流电。当任何一组辅助变流器出现故障时，通过微机控制监视系统，可以实现信息传递和故障切换，由另一组辅助变流器以 CVCF 方式对全部辅助机组供电，完成了机车辅助变流系统的冗余控制，提高了机车辅助变流系统的可靠性。

5．供电电路

HXD3 型交流货运电力机车辅助变流系统的供电电路是由主变压器辅助绕组、变流器、滤波电感和滤波电容、接触器、自动开关、辅助电动机等组成，具体电路如图 7-13 所示。

辅助变流器 UA11、UA12 分别由主变压器的两个辅助绕组供电，两个辅助绕组的电压均为 399 V。每个辅助变流器的输出侧都加有滤波电感 ACL 和滤波电容 ACC 组成的正弦波滤波器，这样将传统逆变器输出的正弦脉宽调制（SPWM）波变换为正弦波给各辅助电动机供电，从而大大降低了对电机绕组匝间绝缘的要求，提高了电机的使用寿命。

辅助变流器 UA11 的输出首先经过正弦波滤波器 ACL1，再经过接触器 KM11 给牵引风机电动机 MA11、MA12、MA1、MA14、MA15、MA16 和复合冷却风机电动机 MA17、MA18 供电。由于以上负载属于风机类负载，辅助变流器可工作在变频变压状态。根据机车的运转状态不同，采用 VVVF 控制方式的辅助流器 UA11 输出不同频率的 380 V 交流电。机车手柄级位为 4 级（含 4 级）以下时运行频率为 33 Hz，为 4 级以上时运行频率为 50 Hz。

辅助变流器 UA12 的输出首先经过正弦波滤波器 ACL2，再经过接触器 KM12 给空气压缩机电动机 MA19、MA20、主变压器油泵 MA21、MA22、司机室空调 EV11、EV12，2 台牵引变流器水泵 WP、2 台辅助变流器通风机 APBM 以及其他辅助设备（加热器、厕所等）供电。由于以上负载属于泵类负载，辅助变流器工作在恒频恒压状态。

7.2.3 辅助变流器的控制

1．整流器单元

整流器单元的功能主要是将 399 V 交流电转换成 750 V 直流电。该单元主要由 IGBT 模块、模块门极驱动板（GUU1、GUU2）、检测基板（DET511）构成。检测基板将中央处理器发来的驱动信号传递给门极驱动板，并将门极驱动板的反馈信号综合处理后返送给中央处理器。门极驱动板接收到经由检测基板来的驱动信号后，对 IGBT 进行驱动控制，并对 IGBT 的运行状况进行检测，将检测信号发送到检测基板。

2．逆变器单元

逆变器单元将中间直流回路的 750 V 直流电转换成 380 V 交流电，为各负载提供电源。该单元主要由 IGBT 模块、IGBT 门极驱动板（GUU、GUV、GUW）、检测基板（DET512）构成。检测基板将中央处理器发来的驱动信号传递给门极驱动板，并将门极驱动板的反馈信号综合处理后返送给中央处理器。门极驱动板接收到经由检测基板来的驱动信号后，对 IGBT 进行驱动控制，同时对 IGBT 的运行状况进行监控，并将监控信号发送到检测基板。

3. 中央控制单元

中央控制单元是辅助变流器的核心控制部分，对各部分的检测信号进行分析处理和控制。该单元主要由 COV-CTR 及 INV-CTR 两部分构成，COV-CTR 主要是对整流器单元进行控制，INV-CTR 主要是对逆变器单元进行控制。

7.3 DC 110 V 电源装置

DC 110 V 电源装置也称蓄电池充电器（简称充电器），它为机车提供控制电源。HXD3 型机车用 DC 110 V 电源装置由两组完全相同的电源单元（简称 PSU）组成，均采用 IGBT 元件。通常情况只有一组处于工作状态，当其故障时，另外一组会启动，继续供电。由机车控制系统对电源装置进行控制与监视。

1. 输出特性

充电器输入电压为 DC(750 ± 75) V，输出电压为 DC(110 ± 1.1) V，额定功率 6.05 kW，各部件自然冷却，其输出特性曲线如图 7-16 所示。

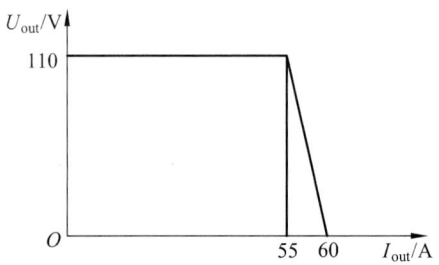

图 7-16　DC 110 V 电源装置输出特性曲线

2. 电源装置电气组成

电源装置电气组成可以划分为：电源输入电路、预充电电路、DC 110 V 输出电路和控制电路四大部分，如图 7-17 所示。

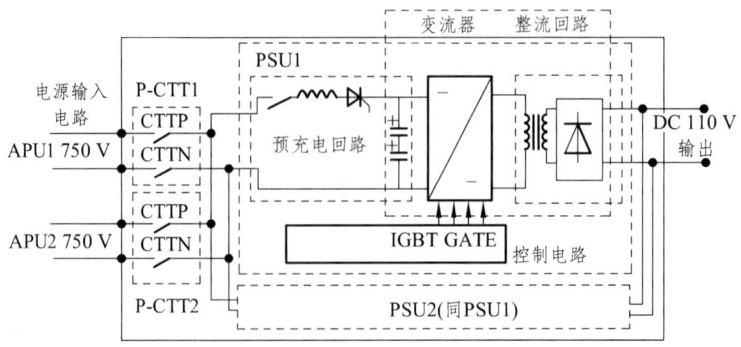

图 7-17　APU 与 PSU 的接线

3. 电源输入电路

DC 110 V 电源装置的输入电源来自机车辅助逆变器 APU 的中间直流回路，采用双电源、双路供电方式，如图 7-18 所示。图 7-18 中 A 部为电源输入线，输入电源的选择由 OP 信号（位于 APU2 中）进行控制。QA47 闭合 2.5 s 后，APU2 就送出 OP 信号（无故障时此信号为 110 V），通过继电器连锁控制 CTT 接触器，实现输入电源的选择。表 7-1 显示了 OP 信号与 RY3 继电器和 CTT 接触器的关系。

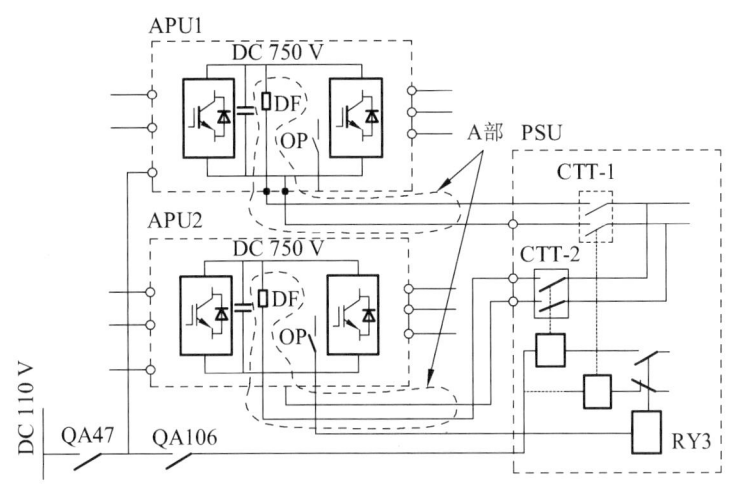

图 7-18　DC110V 电源装置电气系统框图

表 7-1　OP 信号与电源选择的关系

OP 信号	RY3	CTT1	CTT2	电源来源
ON	ON	ON	ON	APU2
OFF	OFF	OFF	OFF	APU1

外部输入电源的双路冗余设计能确保在 APU2 故障时，电源装置仍能从 APU1 处获得电源。同时一路电源也可以给两个 PSU 供电，这样 4 种组合方式确保了机车控制电源的可靠性。

4. 预充电回路

如图 7-19 所示，CTT 接触器主触头、充电电阻 CHR 和可控硅 CHS 构成预充电回路。CTT 触头闭合后，通过限流电阻对中间电容 FC1、FC2 进行充电，在其电压达到一定值后，导通 CHS，将 CHR 短路，完成预充电过程。

中间电容同时也起到滤波作用，它与滤波电感 IVL1 一起构成滤波回路，防止 APU 电源电压脉动对电源装置主电路造成损害，同时防止电源装置在高频工作时对 APU 电源质量的影响。

当电源装置工作结束后，接触器主触头 CTT 断开，其常闭辅助触点闭合，残留在 FC1、FC2 上的电压通过放电电阻 DCHR 进行放电。

问题与思考：电源装置输入 750 V 直流电，通过怎样的变换可输出 110 V 直流电？

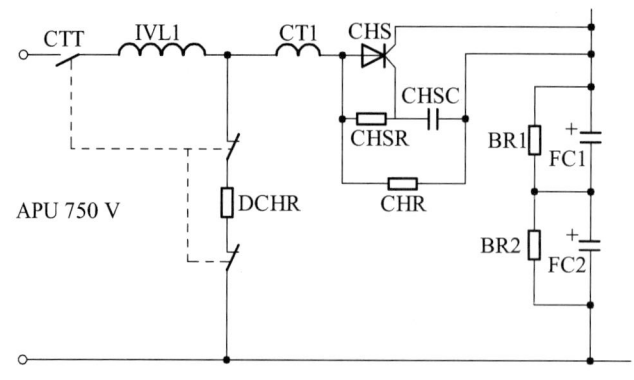

图 7-19 预充电回路、输入滤波回路和放电回路

5．DC 110 V 输出电路及波形

IGBT 桥臂、绝缘高频变压器 IST1 和整流器 FR、电抗器 DCL1 和电容 LC1 构成了 DC/DC 变换回路，它是电源装置的核心部分，如图 7-20 所示。

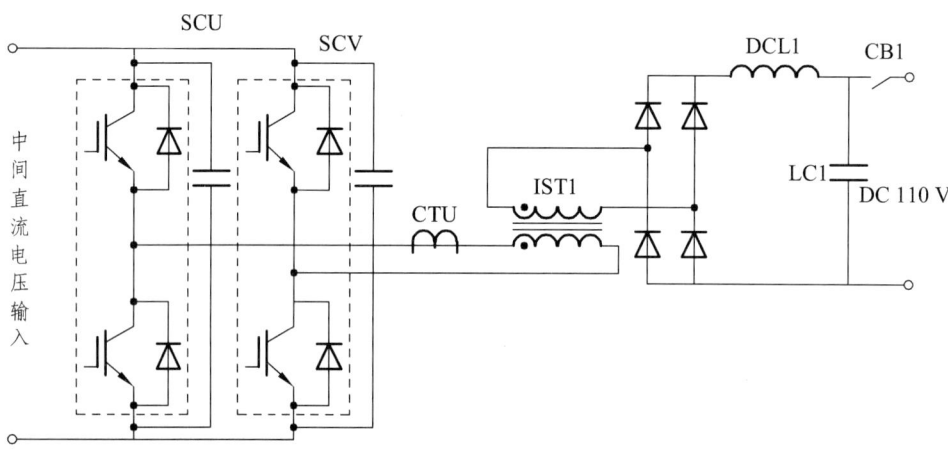

图 7-20 DC/DC 转换回路

两组 4 个 IGBT 构成全桥逆变器，微机根据脉宽调制技术控制 IGBT 动作，将输入直流电压变换为单相脉冲交流电压，然后经过高频变压器、整流器以及滤波环节输出所需的 DC 110 V，如图 7-21 所示。

交流与讨论：这里的变压器为高频变压器，为什么采用高频变压器，可不可以换成工频变压器？

与半控桥方式相比，全控桥方式更适用于大功率需求，同时提高了变压器的利用率，使整个装置的效率高达 90% 以上。单相脉冲交流电压的输出方式比 SPWM 方式更有效的控制了变压器的直流偏磁问题：只要保证一个周期内正负脉冲的时间相等，就可以在原理上避免偏磁的发生，并通过驱动电路的参数匹配来消除因元件本身的差异所导致的偏磁问题。

另外需要注意的是，图 7-20 中 IGBT 的工作频率为 6 kHz，IGBT 关断的瞬间会产生一个巨大的尖峰，这一尖峰对 IGBT 损害较大，所以在 IGBT 的回路中并联一个无感电容，用以消除尖锋，并且这个电容要与 IGBT 的两端直接相连，以防止线路中的杂散感抗进入回路中，从而影响电容对尖峰的吸收效果，失去对 IGBT 的保护作用。

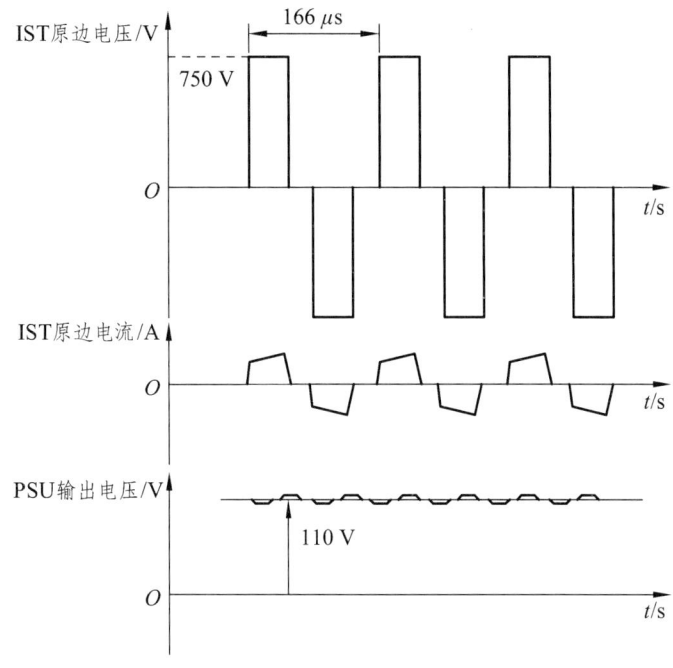

图 7-21　变压器 IST 输出波形

滤波环节采用 LC 滤波网络，构成低通滤波器，使直流电源在到达负载前尽量降低纹波。该装置的输出纹波电压被控制在 5 V 以下。

6．控制电路及选择开关

控制电路（见图 7-22）是 PSU 的控制核心。其中间部分是控制基板 PWB，它收集 PSU 内部各个器件的状态以及电压、电流信号，并进行逻辑处理，然后控制继电器（CTT、RY1 等）动作、向 IGBT 发出指令。左侧部分是基板的电源供电电路，经过一个小型的电源转换器（PSU）后，向基板提供正常工作所需的电源。右侧为输入/输出信号并预留了 RS 232C 串行接口，方便与电脑相连。

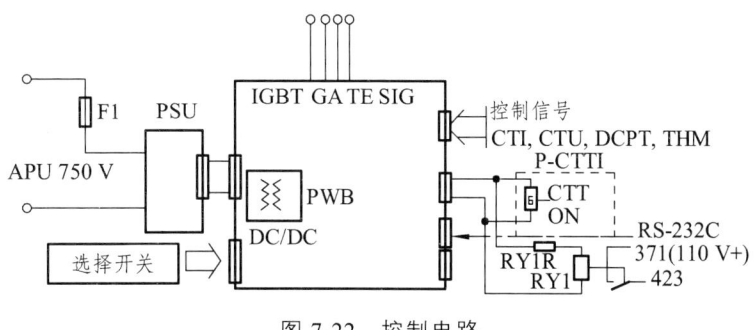

图 7-22　控制电路

单元是否工作取决于左下角的选择开关电路，这一部分由两个开关构成（见图 7-23），

SW1 为自动/手动选择开关,"TCMS"位表示由机车的微机系统来控制单元的启动,"MANUAL"位表示通过手动选择开关 SW2 来选择工作的单元。采用这种控制电路,信号处理简单,微机只输出一个信号就可以选择所需要启动的 PSU。

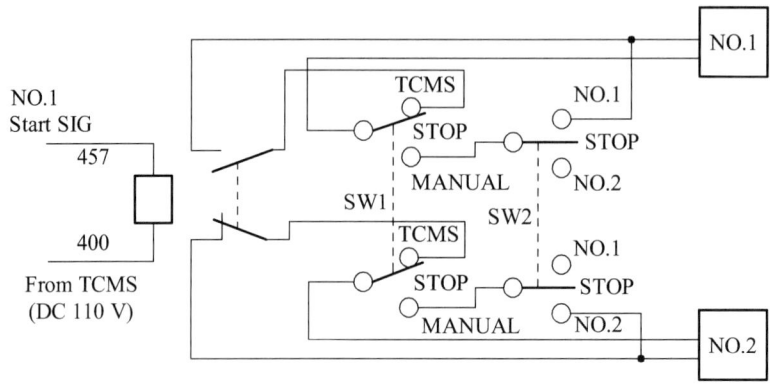

图 7-23　选择开关电路

本章小结

（1）机车主电路由网侧电路、传动系统电路和库用动车电路等组成。传动系统电路由主变压器、主变流器和牵引电动机等组成。

（2）HXD3 型机车每台机车装有两台变流柜,每台变流柜内含三组牵引变流器和一组辅助变流器。牵引变流器（CI）为牵引电动机提供三相交流的变压变频（VVVF）电源。根据车辆的速度,通过矢量控制,精确快速地控制牵引电机的转矩和转速。

（3）牵引变流器主要由 6 部分构成:线路接触器和预充电单元;四象限整流器和中间直流回路（包含支撑电容和接地检测单元）;保护模块;脉宽调制逆变器;控制;监视。

（4）四象限整流器有以下优点:能量可以双向流动;从电网侧吸收的电流为正弦波;功率因素可到达 1;降低了接触网的等效干扰电流,减少对通信的干扰;可以保证中间回路直流电压在允许偏差内。

（5）HXD3 型机车辅助电路由辅助变流器供电电路、辅助电动机电路、辅助库用电路、制冷及采暖电路等组成,机车上共安装两套完全相同的辅助变流器,分别按照 VVVF 和 CVCF 方式工作。

（6）辅助变流器主要为机车通风机电动机、复合冷却器风机电动机、压缩机电动机、主变压器油泵、牵引变流器水泵等设备供电,由于负载有风机类负载和泵类负载,系统具有输出可变电压、可变频率的 VVVF 控制和固定电压、固定频率的 CVCF 控制两种功能。

（7）DC 110 V 电源装置也称蓄电池充电器（简称充电器）,它为机车提供控制电源。可以划分为四大部分,依次为电源输入电路、预充电电路、DC 110 V 输出电路和控制电路。

（8）DC 110 V 输出电路组成:IGBT 桥臂、绝缘高频变压器 IST1 和整流器 FR、电抗器 DCL1 和电容 LC1 构成了 DC/DC 变换回路,它是电源装置的核心部分。

复习思考题 >>>

1. 和谐型电力机车牵引变流器由哪些功能模块组成？
2. 和谐型电力机车四象限整流器具有哪些优点？
3. 试述和谐型电力机车四象限整流器的作用。
4. 简述牵引逆变器的作用。
5. 试分析四象限整流器升压模式。
6. 简述主变流器的控制方式。
7. 辅助变流器的功能是什么？
8. 辅助变流器的输出侧加有滤波电感 ACL 和滤波电容 ACC 的作用是什么？
9. 简述辅助变流器 UA11 和 UA12 的供电电路。
10. 简述辅助变流器的控制关系。
11. 叙述 DC 110 V 电源装置的电气组成。
12. 简述 DC 110 V 电源装置 DC/DC 变换电路的工作原理。

 章末练习题 >>>

一、选择题

1. HXD3 型机车主变压器牵引绕组额定电压为（　　）V。
   A. 2 800　　　　　　B. 1 450　　　　　　C. 2 150
2. HXD3 型机车主变流器中间直流电路额定电压为（　　）V。
   A. 2 800　　　　　　B. 1 450　　　　　　C. 2 150
3. HXD3 型机车牵引电机额定电压为（　　）V。
   A. 2 800　　　　　　B. 1 450　　　　　　C. 2 150
4. HXD3 型机车主变流器中 IGBT 元件额定电压为（　　）V。
   A. 2 800　　　　　　B. 2 150　　　　　　C. 4 500
5. HXD3 型机车主变流器中 IGBT 元件额定电流为（　　）A。
   A. 966　　　　　　　B. 900　　　　　　　C. 520
6. HXD3 型机车主变流器输出电压频率是（　　）Hz。
   A. 0 ~ 120　　　　　B. 0 ~ 1200　　　　　C. 0 ~ 50
7. 下列哪一项不是中间直流回路的作用（　　）。
   A. 在网侧整流器和电机侧逆变器之间实现瞬时功率平衡
   B. 储能电容向牵引电动机提供基波无功功率和高次谐波的通路
   C. 变流器换流能力直接受中间电路电压的影响，逆变器的调制电压质量也取决于其平衡程度，因此对它要求较高
   D. 为牵引电动机提供变压、变频的交流电
8. YJ85 型异步牵引电机额定电流为（　　）。
   A. 390 A　　　　　B. 520 A　　　　　C. 966 A　　　　　D. 600 A

9. YJ85 型异步牵引电机额定频率为（　　）。
   A. 50 Hz　　　　B. 120 Hz　　　　C. 46 Hz　　　　D. 150 Hz
10. YJ85 型异步牵引电机额定转速为（　　）。
    A. 1 365 r/min　　　B. 2 662 r/min　　　C. 96 r/min
11. YJ85 型异步牵引电机最高转速为（　　）。
    A. 960 r/min　　　B. 1 365 r/min　　　C. 2 662 r/min
12. HXD3 型机车牵引电机为 YJ85 型异步牵引电机，主要技术参数如下：计算牵引电机额定转矩为（　　）。

    | 持续功率 | 1 250 kW |
    | 额定转速 | 1 365 r/min |
    | 最高转速 | 2 662 r/min |
    | 极数 | 4 |
    | 功率因数 | 0.91 |
    | 额定效率 | 95% |
    | 绝缘等级 | 200 级 |
    | 冷却方式 | 强迫风冷 |

    A. 9 837 N·m　　　B. 10 134 N·m　　　C. 8 745 N·m
13. 四象限整流器在牵引工况时（　　）。
    A. 将交流电整流成直流电　　　B. 将直流电逆变成交流
    C. 将直流电斩波成直流电
14. 脉宽调制逆变器在牵引工况时（　　）。
    A. 将交流电整流成直流电　　　B. 将直流电逆变成交流电
    C. 将直流电斩波成直流电
15. 脉宽调制逆变器在再生制动工况时（　　）。
    A. 工作在整流模式　　　B. 工作在逆变模式
    C. 工作在斩波模式
16. 四象限整流器在再生制动工况时（　　）。
    A. 工作在整流模式　　　B. 工作在逆变模式
    C. 工作在斩波模式
17. HXD3 型机车检修后直流环节重新上电，先闭合（　　）。
    A. 先闭合线路接触器 K　　　B. 先闭合预充电接触器 AK
    C. 同时闭合 K、AK
18. HXD3 型机车检修后直流环节重新上电，通常先通过（　　）将电网的交流电变换为直流电。
    A. 二极管　　　B. IGBT　　　C. 二极管和 IGBT
19. HXD3 型机车四象限整流器工作在升压模式时变压器副边储能，此时副边看作一个大（　　）。
    A. 电容　　　B. 电感　　　C. 电池
20. HXD3 型机车四象限整流器工作在升压模式时，控制 IGBT 的开关频率即调制频率

（　　）交流电网频率。

　　A. 等于　　　　B. 小于　　　　C. 大于

21. HXD3 型机车四象限整流器工作在升压模式时，VT2 关断，变压器副边电压和等效大电感电动势（　　）给支撑电容 FC 充电（升压充电）。

　　A. 叠加　　　　B. 相减　　　　C. 相乘

22. HXD3 型机车四象限整流器工作在升压模式时，电压为正值，开通 VT2，变压器副边（　　）。

　　A. 和负载相连　　B. 断路　　　　C. 短路

23. HXD3 型机车牵引工况时，控制 IGBT 的通断，使四象限整流器的功率因数接近于（　　），此时四象限整流器从电网吸收功率，向中间直流环节供电。

　　A. –1　　　　　B. +1　　　　　C. 0

24. HXD3 型机车再生制动工况时，控制四象限整流器输入端电流和电网电压（　　），使电流波形接近正弦波，变压器吸收直流环节的能量，使四象限整流器的功率因数接近于（　　）。

　　A. 反相 –1　　　B. 同相 +1　　　C. 正交 0

25. HXD3 型机车牵引变流器中的脉宽调制逆变器牵引工况时输出（　　）的三相交流电。

　　A. 对称　　　　B. 不对称　　　　C. 不确定

26. HXD3 型机车牵引变流器中的脉宽调制逆变器牵引工况时输出（　　）的三相交流电。

　　A. 正弦波　　　B. 三角波　　　C. 等效正弦波的脉冲序列或矩形波

27. HXD3 型机车上辅助变流器输出侧都加有滤波电感和滤波电容组成的正弦波滤波器，这样将传统逆变器输出正弦脉宽调制波变换为正弦波给各辅助电动机供电，从而大大降低了对电机绕组匝间绝缘的要求，（　　）了电机的使用寿命。

　　A. 提高　　　　B. 降低　　　　C. 影响

28. HXD3 型机车上辅助变流器输入电压额定值为（　　）V。

　　A. 1 450　　　　B. 750　　　　C. 399

29. HXD3 型机车上辅助变流器中间直流电压额定值为（　　）V。

　　A. 750　　　　B. 399　　　　C. 2 800

30. HXD3 型机车上 VVVF 变流器输出电压额定值为（　　）V。

　　A. 2～2 150　　B. 2～380　　　C. 0～1 450

31. HXD3 型机车上辅助变流器采用 IGBT 元件，电压额定值为（　　）V。

　　A. 4 500　　　　B. 1 700　　　　C. 380

32. HXD3 型机车上辅助变流器采用 IGBT 元件，电流额定值为（　　）V。

　　A. 1 200　　　　B. 900　　　　C. 966

33. HXD3 型机车用 DC 110 V 电源装置电能供给路径为（　　）。

　　A. 变压器牵引绕组→四象限整流器（牵引变流器）→中间直流电路（牵引变流器）→IGBT 桥臂→高频变压器→滤波电路→110 V 输出

　　B. 变压器牵引绕组→四象限整流器（牵引变流器）→中间直流电路（牵引变流器）→IGBT 桥臂→高频变压器→整流电路→滤波电路→110 V 输出

C. 变压器辅助绕组→四象限整流器（辅助变流器）→中间直流电路（辅助变流器）→IGBT 桥臂→高频变压器→滤波电路→110 V 输出

34. HXD3 型机车变流器（正常工作）中水泵电机供电路径为（　　）。
   A. 变压器辅助绕组→辅助变流器 1（VVVF）→LC 滤波器→水泵电机
   B. 变压器牵引绕组→牵引变流器→水泵电机
   C. 变压器辅助绕组→辅助变流器 2（CVCF）→LC 滤波器→水泵电机

35. HXD3 型机车复合冷却器风机电机供电路径为（　　）。
   A. 变压器牵引绕组→牵引变流器→复合冷却器风机电机
   B. 变压器辅助绕组→辅助变流器 1（VVVF）→LC 滤波器→复合冷却器风机电机
   C. 变压器辅助绕组→辅助变流器 2（CVCF）→LC 滤波器→复合冷却器风机电机

二、填空题

1. HXD3 型机车传动系统电路由主变压器、_____和牵引电动机等组成。

2. HXD3 型机车主变流器中功率模块是构成变流器的核心部件，是由上下桥臂的两组 IGBT 元件和_____反并联构成，还包括冷却元件的水冷散热片和控制 IGBT 栅极电压的驱动电路。

3. 中间直流电路由中间电压_____、瞬时过电压限制电路和主接地保护电路组成。

4. 瞬时过电压限制电路由 IGBT 和限流电阻组成。当_____检测到中间电路过电压时，使 IGBT 导通，通过限流电阻构成放电回路，以降低电压，保护电路元件。

5. HXD3 型机车_____主要为机车通风机电动机、复合冷却器风机电动机、压缩机电动机、主变压器油泵、牵引变流器水泵等设备供电。

6. HXD3 型机车辅助变流器预充电电路的目的在于减小大的充电电流的_____。

7. HXD3 型机车辅助变流器逆变器单元主要由 IGBT 模块、_____（GUU、GUV、GUW）、检测基板（DET512）构成。

8. DC 110 V 电源装置的输入电源来自机车辅助逆变器 APU 的_____回路，采用双电源、双路供电方式。

三、判断题

1. IGBT 的过热保护是利用电压传感器检测 IGBT 的散热温度，当超过允许温度时使主电路停止工作。（　　）

2. HXD3 型机车牵引工况时能量流动路径为：
电网→变压器→四象限整流器→中间直流环节→脉宽调制逆变器→牵引电动机（电动机）（　　）

3. HXD3 型机车再生制动工况时能量流动路径为：
牵引电机（发电机）→脉宽调制逆变器→中间直流环节→四象限整流器→变压器→电网（　　）

4. HXD3 型机车上共安装两套完全相同的辅助变流器，都按照 CVCF 方式工作。（　　）

5. HXD3 型机车辅助电路的中间直流回路由中间电压支撑电容、中间电压测量电路和辅助接地保护电路组成。（　　）

6. HXD3 型机车辅变流器输入电压高于中间直流回路电压。

7. HXD3 型机车电源装置电气组成可以划分为四大部分，依次为电源输入电路、预充电电路、DC 110 V 输出电路和控制电路（　　）

8. HXD3 型机车 DC 110 V 电源装置输出电路滤波环节采用 LC 滤波网络，构成低通滤波器。（　　）

9. HXD3 型机车 DC 110 V 电源装置输出纹波电压被控制在 10 V 以下。

10. HXD3 型机车 DC 110 V 电源装置的高频变压器中单相脉冲交流电频率为 6 kH。（　　）

参考文献

[1] 李彦梅，王卓. 电力电子技术[M]. 北京：中国电力出版社，2011.
[2] 周渊深，宋永英. 电力电子技术[M]. 北京：机械工业出版社，2010.
[3] 康劲松，陶生桂. 电力电子技术[M]. 北京：中国铁道出版社，2010.
[4] 刘敏军，王秀珍. 机车电力电子技术[M]. 北京：中国铁道出版社，2012.
[5] 吴鑫. 动车组电力电子技术基础[M]. 北京：北京交通大学出版社，2011.